초급 문법, 전체의 윤곽이 한 눈에 보인다!

초급 일본어문법
Point
요점정리 20

友松悦子・和栗雅子 저

Preface

본교재의 대상

본 교재는 일본어 초급 학습을 한번 마친 학습자가 단기간에 집중적으로 초급과정 전반의 학습사항을 총정리하기 위한 책입니다. 일본어 초급에는 몇 개의 작은 산이 있습니다만, 그 때마다 눈 앞의 산을 넘기에 온 힘을 다써서 산과 산의 연결 등은 눈에 들어오지 않습니다. 그렇기 때문에 일단 초급 학습을 끝내도 전반적으로 어딘가 모르게 애매한 상태로, 그대로 중급 학습으로 나아가기에는 조금 불안하다라고 생각하는 학습자들이 있습니다. 또, 신학기에 중급부터 시작하는 교실에서는 학생들의 언어 지식이 제각각이어서 곧바로 순조롭게 중급으로 들어갈 수 없는 경우를 많은 현장교사들이 경험하고 있을 것입니다.
그래서 초급의 중요한 학습항목을 정리하고, 관계를 엮어서 복습할 수 있기를 바라며 본 교재를 만들었습니다.

본교재의 목표

각각의 학습 항목이나 문형은 소위 그림 퍼즐과 같은 것입니다. 조각을 잘 맞춰서 전체 그림의 모습을 볼 수 있게 되는 것이 앞으로 잘 해 나갈 수 있느냐 없느냐 하는 '열쇠'가 된다고 생각합니다. 일본어라는 것은 이런 것에 주의하면서 학습하는 것이라는 감각을 알게 된다면 중급에 들어가서부터의 문형도 공부하기 쉬워질 것입니다. 본 교재에 의해 기본적인 것도 복습해가면서 일본어의 표현형식에 있어 주의해야 할 점은 완전히 익힐 수 있기를 기대합니다.

본교재의 구성

중요한 포인트를 20개의 항목으로 나누어, 차츰 더 깊이 나아갈 수 있도록 구성해 놓았습니다. 처음 6과까지는 기본중의 기본입니다. 각 과의 처음에 나오는 테스트를 통해 먼저 자신의 실력을 알아봅니다. 다음에 그 과의 포인트가 간단하게 설명되어 있습니다. 그 뒤에 그 포인트와 관련된 연습문제가 이어집니다. 마지막으로 정리된 문장(회화) 속에서의 사용법을 생각해보는 연습문제를 추가했습니다.

본 교재가 초급 전반의 총정리에, 또 중급으로 나아가기 위한 다리로서 도움이 되었으면 좋겠습니다. 출판부의 佐野智子 씨에게는 기획 단계에서부터 전반적인 구성, 학습자들이 알기 쉽게 하기 위한 연구, 설명 사항의 내용에 이르기까지 많은 도움을 받았습니다. 佐野 씨의 날카로운 지적과 귀중한 충고 덕분에 기쁘게 본교재를 완성할 수 있었습니다. 진심으로 감사드립니다.
또, 원고를 정성스럽게 체크해 주신 山本磨己子 씨, 정말 감사합니다.

저자

Contents

1 課　조사（助詞） ... 6
2 課　「は」와「が」（「は」と「が」） ... 14
3 課　활용1（活用1） ... 20
4 課　활용2 동사의 3분류와「て형」·「た형」（活用2 動詞の3分類と「て形」・「た形」） ... 28
5 課　동사의 활용과 문형（動詞の活用と文型） ... 36
6 課　보통형（ふつう型） ... 42
7 課　「こ・そ・あ」자신과 상대방과의 관계（「こ・そ・あ」自分と相手との関係） ... 52
8 課　제안·권유 자신의 행위의 제안 혹은 상대방에 대한 동장의 권유 ... 58
　　（申し出・勧誘 自分の行為の申し出か、相手への働きかけか）
9 課　자신 혹은 다른사람（自分か他者か） ... 64
10 課　계속성 또는 순간성（継続性か瞬間性か） ... 70
11 課　말하는 사람의 위치 ～ていく・～てくる（話者の位置 ～ていく・～てくる） ... 77
12 課　타동사와 자동사（他動詞と自動詞の対） ... 80
13 課　가능표현（可能表現） ... 89
14 課　사실 또는 기분이 담겨 있는가（事実か、気持ちが入っているか） ... 95
15 課　조건 등（条件など） ... 99
16 課　주고 받음 누가 누구에게？（授受 だれがだれに？） ... 108
17 課　사역（使役） ... 116
18 課　수동 및 사역 수동（受身・使役受身） ... 122
19 課　경어（敬語） ... 130
20 課　문장의 스타일（文のスタイル） ... 140

column 중요한 부사①（大切な副詞①） ... 51
　　　　　「まいります」「おります」, 중요한 부사②（大切な副詞②） ... 139
　　해답 ... 148

1課

조사 助詞(じょし)

Test ( ) 안에 알맞은 조사를 넣으세요.

① 危(あぶ)ないからこの道（　　）ボール投(な)げをしないでください。

② 運転手さん、この道（　　）まっすぐ行ってください。

③ 父は公園(こうえん)へ散歩(さんぽ)（　　）行きました。

④ きのう母（　　）買い物に行きました。

⑤ 母（　　）お金をもらいました。

⑥ 国の母（　　）手紙を書きました。

⑦ わたしは自転車（　　）会社へ行きます。

⑧ 自転車（　　）乗るときは気をつけてくださいね。

⑨ わたしは毎朝8時に家（　　）出ます。

⑩ 去年けが（　　）入院しました。これからは気をつけます。

point 1   장소를 나타내는 조사 ❶

동작의 장소인가, 존재의 장소인가

동작의 장소	で	教室でお弁当を食べましょう。 みちこさんはデパートでくつを買いました。
행사의 장소	で	あしたこのホールで説明会があります。 体育館でスポーツ大会があります。
존재의 장소	に	机の上に本があります。 スーパーの前にチンさんがいます。 わたしの母はいつもうちにいます。 山川さんのうちにはプールがあります。
상태가 나타나 있는 장소	に	駅の前にいろいろな店が並んでいます。 庭に花が咲いています。

문제 1 다음 중 알맞은 것을 고르세요.

❶ 上野動物園 { で に } パンダがいます。
　動物園 { で に } いろいろな行事があります。
　動物園 { で に } いろいろな動物を見ました。

❷ あそこ { で に } あるものは何ですか。
　あそこ { で に } 話している人はだれですか。
　きょうあそこ { で に } 何があるんですか。カラオケ大会ですか。

❸ ほら、山の上 { で に } 月が出ています。
　山の上 { で に } 人は住んでいません。
　山の上 { で に } 写真をとりました。

❹ わたしの村 { で に } 来月スポーツ大会があります。
　わたしの村 { で に } 有名な山があります。
　わたしの村 { で に } 今、妹の家族がいます。

point 2 장소를 나타내는 조사 ❷

기점인가, 통과점인가, 도달점인가

기점	を	家を出ます。 電車を降ります。
통과점	を	橋を渡ります。 空を飛びます。
도달점	に	家に入ります。 山に登ります。

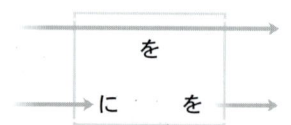

  알맞은 조사를 고르세요.

❶ 新幹線のぞみ17号は12時13分に東京 { で　に　を } 出発します。
　 新幹線のぞみ17号は静岡 { で　に　を } 通過します。
　 新幹線のぞみ17号は14時34分に京都 { で　に　を } 着きます。
　 わたしは京都 { で　に　を } ヤンさんに会います。

❷ トラックはもうすぐA町 { で　に　を } 入ります。
　 トラックは今、A町の中 { で　に　を } 走っています。
　 トラックはA町 { で　に　を } 荷物をおろします。

❸ 1時のバス { で　に　を } 乗ります。
　 わたしは公園前 { で　に　を } バス { で　に　を } 降りて、
　 公園 { で　に　を } 散歩します。

❹ わたしはKホテル { で　に　を } 泊まっています。
　 このバスはKホテルの前 { で　に　を } 通ります。
　 Kホテルの前 { で　に　を } 写真をとりましょう。

❺ わたしは2000年に専門学校 { で　に　を } 入学しました。
　 専門学校 { で　に　を } デザインを勉強しました。
　 2003年に専門学校 { で　に　を } 卒業しました。

point 3 그 외의 조사 ❶

동작의 상대인가, 함께 동작하는 상대인가

동작의 상대방	に	父に写真を見せます。 子どもにピアノを教えます。
함께 동작하는 상대방	と	わたしはみちこさんと結婚したいです。 兄とけんかをしました。

▶ 先生に相談します。　　先生に会います。　　（わたし⇒先生）
　友だちと相談します。　友だちと会います。　（わたし⇔友だち）

기점인가, 귀착점인가

사물의 기점	から	さいふからお金を出します。 この中から好きなものを選んでください。
사물의 귀착점	に	さいふにお金を入れます。 ノートに名前を書きます。

문제 3　(　) 안에 알맞은 조사 (と に から)를 넣으세요.

❶ わたしはきょうリーさん (　) 会います。リーさん (　) 旅行のことを聞きます。

❷ 友だち (　) よく話し合って旅行の日を決めてください。

❸ わたしはこの誕生日のカードを妹 (　) 送ります。

❹ A: あしたの会には出席できません。みなさん (　) よろしく言ってください。

　B: そうですか。じゃ、会長 (　) 電話をかけておいたほうがいいですよ。

❺ もっとよく知りたい人 (　) いい本を紹介します。

❻ 彼はわたし (　) きれいな花をくれました。

❼ この紙 (　) 名前と電話番号を書いてください。

❽ あの荷物をたな (　) おろしてください。

❾ シャツ (　) ボタンをつけてください。

❿ あした、みなさんのうち (　) 新聞紙を持ってきてください。

⓫ テーブルの上 (　) お皿を並べてください。

point 4 　　　　　　　　　　　　　　　그 외의 조사 ❷

목적인가, 원인인가, 수단·방법인가, 재료·원료인가

목적	に	デパートへ買い物に行きます。 あした留学生がこの工場の見学に来ます。 このへんは買い物に便利です。 ビザの延長にどんな書類が必要ですか。
원인	で	事故で電車が止まっています。 毎日雨でテニスの練習ができません。
수단·방법	で	バスで学校へ行きます。 ペンで書いてください。 英語で手紙を書きます。
재료	で	このバターと卵でおいしいケーキを焼きます。 紙で人形を作ります。
원료	から	日本酒は米から作ります。 石油からいろいろなものができます。

문제 4

( ) 안에 알맞은 조사를 넣으세요.

❶ このはさみ（　）花を切ってください。
❷ わたしは竹（　）作ったいすとテーブルが好きです。
❸ もっと大きい声（　）話してください。
❹ わたしはけが（　）1週間入院しました。友だちがお見舞い（　）来てくれました。
❺ 何か健康（　）いいことをしていますか。
❻ わたしは日本へ経済の勉強（　）来ました。
❼ 台風（　）木が倒れました。
❽ 今度の旅行（　）はたくさんのお金がかかります。
❾ 日本語の勉強（　）は、この辞書を使ったほうがいいですよ。

⑩ 妹は友だちと体育館へピンポンの練習（　　）行きました。

⑪ この花びんは重いから両手（　　）持ってください。

⑫ ビールは何（　　）作るのですか。

point 5 　시간 관계를 나타내는 조사 ❷

시작인가, 끝인가, 혹은 기한인가

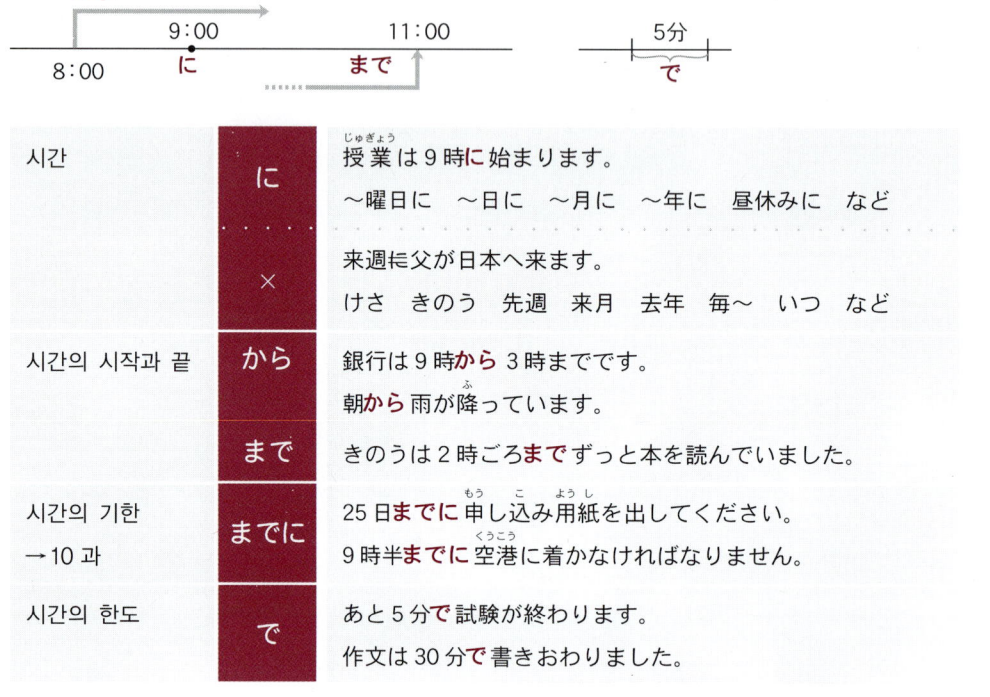

시간	に	授業は9時に始まります。 ～曜日に　～日に　～月に　～年に　昼休みに　など
	×	来週に父が日本へ来ます。 けさ　きのう　先週　来月　去年　毎～　いつ　など
시간의 시작과 끝	から	銀行は9時から3時までです。 朝から雨が降っています。
	まで	きのうは2時ごろまでずっと本を読んでいました。
시간의 기한 →10과	までに	25日までに申し込み用紙を出してください。 9時半までに空港に着かなければなりません。
시간의 한도	で	あと5分で試験が終わります。 作文は30分で書きおわりました。

알맞은 조사를 고르세요.

❶ 今月のおわり｛から　まで　までに｝旅行の計画を出してください。

❷ わたしは2002年｛から　×　に｝日本へ来ました。

❸ 来週｛×　に　まで｝みんなで旅行に行きます。

❹ わたしは3月3日｛×　に　から｝デパートでくつを買いました。

❺ あさって｛×　に　まで｝誕生パーティーをしますから、来てください。

❻ わたしは2003年｛×　まで　までに｝北海道に住んでいました。

❼ この仕事、1週間｛×　に　で｝全部終わりますか。

❽ 母はきょう｛×　に　から｝来月3日｛×　まで　までに｝るすです。

⑨ あした、夕方 { から　まで　までに } ビールを買っておいてください。
⑩ 会議は9時 { から　に　までに } ですよ。まだ20分も時間があります。

( ) 안에 알맞은 조사를 넣으세요. 필요없을 때는 ×를 넣으세요.

〔山中湖へ行くバスの中〕

旅行会社の人：みなさん、準備はいいですか。あと5分 ❶( ) 山中湖ですよ。

A：あ、ここには前に友だち ❷( ) 来たことがあります。

B：わたしも去年 ❸( ) みんなで箱根へ美術館の見学 ❹( ) 行ったとき、ここ ❺( ) 写真をとりました。

C：ああ、あの時ですね。わたしも誘われたんですが、急な仕事 ❻( ) 来られませんでした。

旅行会社の人：さあ、みなさん、山中湖 ❼( ) 着きましたよ。バス ❽( ) 降りるとき、大切なものはバスの中 ❾( ) 置かないで、自分で持っていってください。

A：あのう、ここ ❿( ) 昼ご飯を食べますか。

旅行会社の人：いいえ、昼ご飯はここから10分ぐらいのところ ⓫( ) あるレストラン ⓬( ) 食べます。ここからまたバス ⓭( ) そこまで行きますから、12時 ⓮( ) ここに集まってください。

みんな：は～い、わかりました。

B：あのう、すみません。トイレはどこですか。

旅行会社の人：この道 ⓯( ) まっすぐ行ったところ ⓰( ) ありますよ。

2課 「は」와「が」「は」と「が」

Test 다음 중 알맞은 것을 고르세요.

❶ A：リンさん、リンさん、あれ、リンさん｛は　が｝欠席ですか。
　 B：はい、きょうは来ません。
❷ A：あなたの誕生日｛は　が｝いつですか。
　 B：5月18日です。
❸ A：どちら｛は　が｝いいですか。
　 B：そうですねえ。こちらをください。
❹ A：さっき小林さんという人｛は　が｝来ましたよ。
　 B：あ、そうですか。小林さん｛は　が｝わたしの高校のときの
　　　友だちです。
❺ 隣の家に大きい犬｛は　が｝います。
❻ 土曜日｛は　が｝忙しいですが、日曜日｛は　が｝ひまです。
❼ 東京｛は　が｝人｛は　が｝多いですね。
❽ ほら、桜｛は　が｝きれいよ。
❾ 先週あなた｛は　が｝読んだ本の名前を教えてください。

point 1　　　　　　　　　　　　　　　　　　중요한 정보

(1) 전하고 싶은 정보의 앞 →「は」
　　전하고 싶은 정보의 뒤 →「が」

　　田中社長は 3時に来ます。　　　　　田中社長 が3時に来ます。
　　　　　　└→ 전하고 싶은 정보　　　└→ 전하고 싶은 정보

(2) 의문사의 앞 →「は」　대답도「は」로 답한다.
　　의문사의 뒤 →「が」　대답도「が」로 답한다.

　　A：これは 何 ですか。　　B：これ は時計です。
　　A： だれ が来ましたか。　B：田中さん が来ました。

　（　）안에「は」나「が」를 넣으세요.

❶ A：リンさん（　　）どの方ですか。
　 B：リン（　　）わたしです。

❷ あした国の友だち（　　）日本へ来ます。彼（　　）Kホテルに泊まります。

❸ A：夏休みにいっしょに旅行しましょう。どこ（　　）いいですか。
　 B：富士山（　　）いいです。

❹ 来週はわたしではなく、チン先生（　　）発音を教えます。チン先生（　　）
　 T大学の中国語の先生です。

❺〔病院に電話して〕
　 A：そちらは何曜日（　　）休みですか。
　 B：第1、第3水曜日と日曜日（　　）休みです。

❻ A：これ、だれ（　　）作ったの？ヤンさん？
　 B：いいえ、マリアさん（　　）作ったんです。

point 2 분명히 나타내고 싶은 경우

(1) 특별히 화제로 삼을 때 → 「は」

3年前にあの映画を国で見ました。
→ あの映画は、3年前に国で見ました。
お酒は好きなんですが、すぐ顔が赤くなってしまうんです。

▶ 특히 부정하고 싶은 부분을 분명히 나타내고 싶을 때

わたしのうちに犬はいません。
わたしはあの人とは結婚しません。

(2) 대비하여 나타내고 싶을 때 → 「は」

家の外は寒いですが、中は暖かいです。
ワインは飲めますが、ウイスキーは飲めません。
この子はうちではよく話しますが、外ではあまり話しません。

▶ 「が」「を」의 뒤에 「は」를 붙이면 「が」「を」는 사라지게 됩니다. 그 이외의 조사는 남습니다.

昼ご飯を̶は、食堂で食べます。食堂では安く食べられるからです。
料理が̶は下手なんですが、作ることが̶は好きです。日曜日には必ず作ります。

문제 2 다음 중 알맞은 것을 고르세요.

❶ ビールはあの人 { は　が } 飲んだんです。

❷ わたしは朝ご飯 { は　が } 食べませんが、昼ご飯 { は　が } たくさん食べます。

❸ A : きのう銀行へ行きましたか。
　 B : いいえ、銀行へ { は　が } 行きませんでした。

❹ A : あした山田さん { は　が } 空港へ行きますか、あなた { は　が } 行きますか。
　 B : 空港へ { は　が } わたし { は　が } 行きます。山田さん { は　が } 家で
　　　待っているそうです。

❺ 大きい字 { は　が } 見えますが、小さい字 { は　が } めがねをかけなければ
　 見えません。

❻ A : ヤンさんは野菜ジュースを飲みますか。
　 B : ええ、野菜ジュース { は　が } 毎日飲んでいます。

point 3 　　　　　　　　　　　　　　　묘사나 구문상의 규칙

(1) 눈에 보이거나 귀에 들리는 것을 묘사할 때 → 「が」

あ、鳥が水を飲んでいます。
雨が降ってきましたよ。

(2) 복문에서는 주절의 주어 → 「は」
　　　　　　종속절의 주어 → 「が」

わたしは 子どもがかいた 絵を見ました。
わたしはいつも 子どもが寝てから テレビを見ます。

(3) 문형　N1はN2が～

N1 → 화제의 대상
N2 → N1의 부분, 감정이나 능력 등의 대상, 소유하고 있는 사물 등

この部屋　は　窓　が　大きいですね。
わたし　　は　車　が　ほしいです。
わたし　　は　頭　が　痛いです。
ゆみこさんは　歌　が　上手です。
この子　　は　力　が　あります。

문제 3

(　) 안에 「は」나 「が」를 넣으세요.

① うちの犬（　）足（　）短いです。
② 困ったこと（　）あったら、何でもわたしに相談してください。
③ ああ、きょうはいつもより富士山（　）きれいですね。
④ ほら、見て。鳥（　）木の実を食べているよ。
⑤ 父（　）かぜをひくとすぐこの薬を飲みます。
⑥ わたし（　）スポーツ（　）好きです。
⑦ わたし（　）教えたやり方でやってみてください。
⑧ A：今、あなた（　）何（　）ほしいですか。
　　B：今、わたし（　）いちばんほしいもの（　）時間です。

문제 4

(　) 안에 「は」나 「が」를 넣으세요.

① わたし（　）田中先生ではありません。この方（　）田中先生です。

② A：バス（　）来ましたよ。あのバス（　）どこへ行くバスですか。
　B：東京駅行きですよ。

③ A：あのビルの前に赤い車（　）見えますね。あの車（　）だれのですか。
　B：ああ、あれ（　）わたしのです。

④ A：地震（　）あったとき、どこ（　）いちばん安全ですか。
　B：そうですねえ。家の外に出てください。

⑤ わたしは事故（　）怖いから、もう車の運転（　）しません。

⑥ 川田：山中さんはロシア語（　）できるそうですね。
　山中：いえ、読むこと（　）できますが、話すこと（　）できません。

⑦ わたしはきょう熱（　）ありますから、水泳（　）しません。

⑧ この間わたし（　）言った話（　）だれにも言わないでください。

⑨ この部屋（　）さっきリンさん（　）そうじしました。

⑩ あ、ベル（　）鳴っていますよ。だれ（　）来たのでしょうか。

⑪ A：社長（　）きょう来ること（　）本当ですか。
　B：ええ、本当ですよ。

⑫ A：きょうの天気（　）どうですか。
　B：いい天気ですよ。雨（　）降らないようです。

⑬ A：天気（　）よければ、ここから富士山（　）見えますか。
　B：いいえ、ここから富士山（　）見えませんよ。

⑭ 食べること（　）楽しいですが、料理を作ること（　）大変ですね。

⑮ あ、ほら、桜（　）咲きはじめましたよ。桜（　）いつ見てもきれいねえ。

( ) 안에 「は」나 「が」를 넣으세요.

　むかし、むかし、あるところにおじいさんとおばあさん❶(　　)いました。

　ある日、おじいさん❷(　　)山へ木の枝をとりに、おばあさん❸(　　)川へ洗たくに行きました。おばあさん❹(　　)川で洗たくをしていると、大きいもも❺(　　)流れてきました。

　おばあさん❻(　　)「まあ、これ❼(　　)大きいももだ……。」と言って、ももをひろってうちへ帰りました。おじいさんもびっくりして、「こんなに大きいもも❽(　　)初めて見たよ。」と言いました。おじいさんとおばあさん❾(　　)ももを半分に切ってみると、中から元気な男の子❿(　　)出てきました。「この子⓫(　　)きょうからうちの子にしよう。この子にはどんな名前⓬(　　)いいかな。」とおじいさんとおばあさん⓭(　　)考えました。そして、ももから生まれたから「ももたろう」という名前をつけました。ももたろう⓮(　　)大切に育てられて、立派なおとなになりました。

3課

활용1 活用1

Test 1 ( ) 안을 알맞은 형태로 바꿔 _____ 위에 쓰세요.

> 예 きのうはわたしの誕生日でした。(誕生日です)

① きのうはとても_____。(暑いです)

② 大木「山田さんのアパートは静かですか。」
　山田「いいえ、あまり_____。」(静かです)

③ ヤンさんは先月国へ_____。(帰ります)

④ あしたは_____。(休みです) 授業がありますよ。

⑤ けさ、忙しかったので、朝ご飯は_____。(食べます)

Test 2 두 개의 문장을 한 문장으로 만드세요.

> 예 あの方は田中先生です。＋ あの方は数学の先生です。
> → あの方は田中先生で、数学の先生です。

① 父は60歳です。＋ 母は58歳です。
　→ _____。

② わたしの部屋はせまいです。＋ わたしの部屋は汚いです。
　→ _____。

③ ヤンさんはハンサムです。＋ ヤンさんは明るい人です。
　→ _____。

❹ あしたはいい天気でしょう。＋ あしたは暖かいでしょう。

　➡ _____。

❺ 10年前わたしは学生でした。＋ わたしは京都に住んでいました。

　➡ _____。

point 1　　　　　　　　　　　　　　　　　　　　　　　형태 변화

예	현재	현재 부정	과거	과거 부정
休み	ーです	ーでは（じゃ）ありません	ーでした	ーでは（じゃ）ありませんでした
静か	ーです	ーでは（じゃ）ありません	ーでした	ーでは（じゃ）ありませんでした
大き	ーいです	ーくないです ーくありません	ーかったです	ーくなかったです ーくありませんでした
買い	ーます	ーません	ーました	ーませんでした

문제 1

(　) 안을 알맞은 형태로 바꿔 _____ 위에 쓰세요.

> 예　わたしは田中です。（田中です）

❶ あしたは5日です。あさっては_____。（6日です）

❷ 大川：先週はどうでしたか。_____か。（忙しいです）

　田中：いいえ、あまり_____。（忙しいです）

❸ A：きのうはいい_____か。（天気です）

　B：いいえ、あまりいい_____。（天気です）

❹ むかし、この村はとても_____。（静かです）

　今はあまり_____。（静かです）

❺ うちには犬が3びきいます。みんなとても_____よ。
　　　　　　　　　　　　　　　　　　　　　　　　（かわいいです）

❻ A：あしたあなたは図書館へ_____か。（行きます）

　B：いいえ、_____。（行きます）

❼ A：きのう、だれか_____か。（来ます）

　B：いいえ、だれも_____。（来ます）

❽ A：今、辞書を何冊持って_____か。（います）

　B：1冊も持って_____。（います）

❾ わたしは毎日6時に起きます。きのうも6時に＿＿＿＿＿＿＿＿＿＿。
　　　　　　　　　　　　　　　　　　　　　　　　（起きます）

しかし、日曜日は6時には＿＿＿＿＿＿＿＿＿＿。（起きます）

9時ごろ＿＿＿＿＿＿＿＿＿＿。（起きます）

❿ A：あなたはきのうテレビを＿＿＿＿＿＿＿＿＿＿か。（見ます）

B：いいえ、＿＿＿＿＿＿＿＿＿＿。（見ます）

point 2   ナ형용사와 イ형용사의 형태 변화

	ナ형용사 (예 上手)	イ형용사 (예 おいしい・ほしい)
+です	ヤンさんは絵が上手です。	このりんごはおいしいですね。 わたしはお金がほしいです。
+명사	絵が上手な人はヤンさんです。	これはおいしいりんごですよ。 今いちばんほしいものはお金です。
+동사 등	ヤンさんは絵を上手にかきます。	りんごがおいしくなりましたよ。 わたしはもっとお金がほしくなりました。

▶ 1 ~そう(정황)은 ナ형용사와 같은 활용을 합니다.
　예 雨が降りそうな空ですよ。

▶ 2 ~たい(희망)은 イ형용사와 같은 활용을 합니다.
　예 わたしが今いちばん行きたいところはドイツです。

문제 2

( ) 안을 알맞은 형태로 바꿔 _____ 위에 쓰세요.

예 これはとても**便利な**道具ですね。(便利です)

❶ あの人は_____道を教えてくれました。(親切です)
❷ このケーキ、_____焼けましたね。(おいしいです)
❸ わあ、_____ケーキですね。(おいしそうです)
❹ むかし、わたしの家の近くに_____公園がありました。(小さいです)
❺ 口を_____開けて、_____声で歌ってください。
　 (大きいです)
❻ わたしはけさ、_____起きました。(遅いです)
❼ 愛子ちゃんはこのごろ_____なりましたね。(きれいです)
❽ あしたはたぶん_____でしょう。(寒いです)
❾ この問題はほんとうに_____ですね。(難しいです)
❿ ここにはわたしの_____服はありません。(ほしいです)

point 3　　　　　　　　　　　　　　　　　　　　　연결형

(1) 명사문　　これは日本語の教科書です。＋ これは 1,000 円です。
　　　　　　→ これは日本語の教科書で、1,000 円です。

　　　　　　これは教科書ではありません。＋ これは練習帳です。
　　　　　　→ これは教科書ではなくて、練習帳です。

(2) ナ형용사문　この部屋は静かです。＋ この部屋はきれいです。
　　　　　　→ この部屋は静かで、きれいです。

　　　　　　わたしは子どものころ魚がきらいでした。＋ わたしは肉が大好きでした。
　　　　　　→ わたしは子どものころ魚がきらいで、肉が大好きでした。

(3) イ형용사문　このりんごは赤いです。＋ 大きいです。
　　　　　　→ このりんごは赤くて、大きいです。

　　　　　　前のアパートは安くなかったです。＋ 買い物にも不便でした。
　　　　　　→ 前のアパートは安くなくて、買い物にも不便でした。

문제 3　（　）안을 알맞은 형태로 바꿔 _____ 위에 쓰세요.

> 예　あの人は**イーさんで**、韓国の学生です。（イーさんです）

① ジュンさんはいつも_____おもしろい人です。（元気です）

② _____きれいな箱をください。（じょうぶです）

③ わたしの名前は_____、松下ですよ。（松本です）

④ ヤンさんは食べることが_____、カンさんは料理をすることが好きです。（好きです）

⑤ _____安いりんごはありませんか。（大きいです）

⑥ このシャツは色が_____、デザインが_____、値段が安いです。（きれいです）　　　　（いいです）

⑦ リーさんのスピーチは、_____簡単でした。（短いです）

❽ この説明書はあまり＿＿＿＿＿＿＿、写真が多いから、わかりやすいです。
　　　　　　　　　　　　（複雑です）

문제 4　（　）안을 알맞은 형태로 바꿔 ＿＿＿＿위에 쓰세요.

きのうは文化の ❶＿＿＿＿＿＿、休日でした。先週はずっと ❷＿＿＿＿＿＿
　　　　　　　　（日です）　　　　　　　　　　　　　　　　（忙しいです）
が、きのうは ❸＿＿＿＿＿＿。
　　　　　　　（ひまです）

わたしは10時ごろ図書館へ ❹＿＿＿＿＿＿。図書室の中はとても静かでしたが、
　　　　　　　　　　　　　（行きます）

少し ❺＿＿＿＿＿＿。
　　（寒いです）

わたしは2時間ぐらい本を ❻＿＿＿＿＿＿。
　　　　　　　　　　　　（読みます）

それから公園を ❼＿＿＿＿＿＿。
　　　　　　　（散歩します）

わたしはこの公園が ❽＿＿＿＿＿＿、毎週この公園を ❾＿＿＿＿＿＿。
　　　　　　　　　（好きです）　　　　　　　　　　　（散歩します）

❿＿＿＿＿＿、⓫＿＿＿＿＿＿公園です。
（広いです）　　（静かです）

夕方、自分の部屋のそうじを ⓬＿＿＿＿＿＿。
　　　　　　　　　　　　　　（します）

部屋はとても ⓭＿＿＿＿＿＿が、⓮＿＿＿＿＿＿そうじをしましたから、
　　　　　　（汚いです）　　　　（ていねいです）

⓯＿＿＿＿＿＿なりました。
（きれいです）

⓰＿＿＿＿＿＿部屋は気持ちがいいです。
　　（きれいです）

夜、テレビを ⓱＿＿＿＿＿＿。そして宿題を ⓲＿＿＿＿＿＿。
　　　　　　　（見ます）　　　　　　　　　（します）

활용2 동사의 3가지 분류와「て형」・「た형」
活用2　動詞の３分類の「て形」・「た形」

Test 1　(　) 안의 동사를「て형」으로 바꿔 _____ 위에 쓰세요.

> 예　わたしは朝、パンを**食べて**、コーヒーを飲みます。（食べます）

① 授業は9時に_____、3時に終わります。（始まります）

② きのうは、高橋さんに_____、いろいろな話をして、それから

　買い物をしてうちに帰りました。（会います）

③ きょうは新しいぼうしを_____出かけます。（かぶります）

④ わたしは単語カードを_____新しいことばを覚えました。

　　　　　　　　　　　　（作ります）

⑤ かぜを_____、きょうのテストは受けられませんでした。

　（ひきます）

Test 2　(　) 안의 동사를「て형」또는「た형」으로 바꿔 _____ 위에 쓰세요.

① すみません。電気を_____ください。（消します）

② 〔くつ屋で〕

　A：どうですか。このくつ。

　B：そうですね。ちょっと_____みます。（はきます）

③ わたしのうちには、今、_____ばかりの子犬が5ひきいます。

　　　　　　　　　　　　（生まれます）

❹ はじめに説明書をよく＿＿＿＿＿＿から、使ってください。
　　　　　　　　　　　　（読みます）

❺ コンタクトレンズを＿＿＿＿＿＿まま海で泳ぎましたが、だいじょうぶでしたよ。　　　（つけます）

point 1　　　　　　　　　　　　　　　　　동사의 3가지 분류

그룹	사전형	예	～ます	예
동사 1 (5단 동사)	ウ단	買う 書く 出す	イ단+ます	買います 書きます 出します
동사 2 (1단 동사)	イ단+る ▶1	見る いる 起きる	イ단+ます	見ます います 起きます
	エ단+る ▶2	食べる 寝(ね)る	エ단+ます	食べます 寝ます
동사 3 (불규칙 동사)		来(く)る する		来(き)ます します

▶1 예외 : 切る　知る　走る　入る 등 ➡ 동사1
▶2 예외 : 帰る　すべる　減る 등 ➡ 동사1

문제 1　다음 동사를 그룹으로 나누어 보세요.

동사1	行く
동사2	見る
동사3	

行く　待つ　来る　開ける
切る　閉(し)める　作る　泳ぐ
借りる　(家に)いる　覚(おぼ)える
考える　会う　呼(よ)ぶ　そうじする
話す　休む　降(お)りる　答える
見る

point 2 「て형」만드는 법

그룹	사전형	て형 만드는 법	て형	た형
동사1	会う 立つ とる 行く(例外)	〜って	会って 立って とって 行って	会った 立った とった 行った
	書く 泳ぐ	〜いて 〜いで	書いて 泳いで	書いた 泳いだ
	出す	〜して	出して	出した
	死ぬ 呼ぶ 飲む	〜んで	死んで 呼んで 飲んで	死んだ 呼んだ 飲んだ
동사2	見る 寝る	〜る+て	見て 寝て	見た 寝た
동사3	来る する		来て して	来た した

문제 2 「て형」「た형」을 쓰세요.

사전형	て형	た형
行く		
泣く		
話す		
待つ		
遊ぶ		
読む		
いる		
食べる		
来る		
する		

point 3 「て형」을 사용하는 문형 / 「た형」을 사용하는 문형

(1) て형 + ……

문형	예문
～て	① うちの犬はよく食べて、よく寝ます。(2 문장의 병렬) ② 夜、本を読んで、手紙を書いて、寝ました。(순차적 동작) ③ 母はいつも立ってテレビを見ます。(동작의 모습) ④ 何回も紙に書いて単語を覚えました。(방법) ⑤ 熱があって、起きられません。(원인)
～てください	どうぞ、すわってください。
～てから	説明書をよく読んでから使います。
～てもいい	ここでお弁当を食べてもいいですか。
～てはいけない	ここにごみを捨ててはいけません。
～てしまう	① あのおかしはもう全部食べてしまいましたか。(완료) ② 新しいコーヒーカップを割ってしまいました。(유감스러운 기분)
～ておく	ホテルを予約しておきます。
～てみる	服を買う前に着てみます。

그 외(각 과에서 학습합니다)

～てある	→12 과	あそこにあなたの名前が書いてありますよ。
～てくる ～ていく	→11 과	寒くなってきましたね。 子どもはどんどん大きくなっていきますよ。
～ている	→10 과	① リーさんは今、音楽を聞いています。 ② 空に星が出ていますね。
～てあげる ～てもらう ～てくれる	→16 과	ヤンさんは、スミスさんに漢字を教えてあげました。 わたしは中山さんに仕事を手伝ってもらいました。 きょうは田中さんが料理を作ってくれます。

(2) た형 + ……

～たことがある	あなたは富士山に登ったことがありますか。
～たり～たり	日曜日にはテレビを見たり散歩をしたりします。 電気がついたり消えたりしています。
～た後で	ジョギングをした後で、冷たいビールを飲みました。
～たほうがいい	頭が痛いのですか。じゃあ、早く帰ったほうがいいですよ。
～たまま	スリッパをはいたままたたみの部屋に入らないでください。
～たところだ	今、空港に着いたところです。今からそちらに行きます。
～たばかりだ	わたしは日本に来たばかりなので、まだ日本語が下手です。

문제 3 ( ) 안의 동사를 알맞은 형태로 바꿔 _____ 위에 쓰세요.

❶ お客さまが来るから、ビールを_____おきましょう。(冷やす)

❷ わたしの部屋のかべには花のカレンダーが_____あります。(はる)

❸ わたしは一度だけ東京ディズニーランドへ_____ことがあります。(行く)

❹ ゆうべは暑かったので、窓を_____まま寝てしまいました。(開ける)

❺ これ、わたしの国のおかしです。_____みてください。(食べる)

❻ さっき昼ご飯を_____ばかりなのに、もうおなかがすいてしまいました。(食べる)

❼ わたしはずっと一人でこの子を_____きました。(育てる)

❽ 授業が_____ところです。もうすぐ学生たちが教室から出てきます。(終わる)

❾ パーティーにはいろいろな国の人が来て、歌を_____り、_____り
しました。　　　　　　　　　　　　　　　　(歌う)　　　(おどる)

❿ 子どもたちが_____後で、ゆっくりビデオを見ましょう。(寝る)

⓫ ここでたばこを_____もいいですか。(吸う)

⓬ これからこの国の人口も_____いくのでしょうか。(減る)

⑬ あの人はさっきからドアの前を_____り_____りしていますよ。
　　　　　　　　　　　　　　　　　　　（行く）　　　（来る）
⑭ あ、こんなところにさいふが_____いますよ。（落ちる）
⑮ 準備運動を_____から、プールに入ってください。（する）
⑯ 疲れたようですね。少し_____ほうがいいですよ。（休む）
⑰ バスが_____しまったので、タクシーで帰りました。（行く）
⑱ すみません、ここに荷物を_____はいけませんか。（置く）
⑲ 弟が朝_____まま、まだ帰りません。（出かける）
⑳ 先週わたしはかぜを_____、会社を休みました。（ひく）

5課 동사의 활용과 문형 動詞の活用と文型

Test

「食べる」를 알맞은 형태로 바꿔 ＿＿＿＿＿ 위에 쓰세요.

> 예　ご飯を<u>食べる</u>前に手を洗いましょう。

① 毎朝、朝ご飯を＿＿＿＿＿ながら、テレビのニュースを見ます。

② 花子さんは昼ご飯を＿＿＿＿＿に、アパートへ帰りました。

③ 犬がご飯を＿＿＿＿＿たがっていますよ。

④ とうふは体にいいと聞きました。きょうから毎日とうふを＿＿＿＿＿ことにしました。

⑤ わたしは前はあまいものは食べませんでしたが、このごろはよく＿＿＿＿＿ようになりました。

⑥ 料理をおいしく＿＿＿＿＿ためには、いいお皿を使いましょう。

⑦ これ、わたしのケーキですよ。後で食べますから、＿＿＿＿＿でください。

⑧ そんなにあまいものばかり＿＿＿＿＿ほうがいいですよ。

⑨ この魚料理を＿＿＿＿＿のに、はしを使いますか、ナイフとフォークを使いますか。

⑩ A：もう<u>昼ご飯</u>を食べましたか。
　　B：いいえ、これから＿＿＿＿＿ところです。

point 1　　　　　　　　　　　　　　　　　　　　　　　　　동사의 활용

연결형태	동사1 예　読む	동사2 예　見る	동사2 예　食べる	동사3 来る	동사3 する
～ない ▶	読まない	見ない	食べない	来ない	しない
～ます	読みます	見ます	食べます	来ます	します
사전형	読む	見る	食べる	来る	する
～ば	読めば	見れば	食べれば	来れば	すれば
명령형	読め	見ろ	食べろ	来い	しろ
～う・よう	読もう	見よう	食べよう	来よう	しよう

▶ 예외 : ある ➡ ない

문제 1 알맞은 형태를 쓰세요.

～ない	買わない				
～ます			寝ます		します
사전형		行く		いる	

～ない	遊ばない				
～ます			入れます		来ます
사전형		ある		着る	

point 2   「ます형」에 연결되는 문형과 「사전형」에 연결되는 문형

(1) ます형 + ……

～ましょう	→8과	みなさん、がんばり**ましょう**。
～ませんか	→8과	①あの店でコーヒーを飲み**ませんか**。 ②あしたわたしのうちへ来**ませんか**。
～ましょうか	→8과	その荷物、わたしが持ち**ましょうか**。
～に行く・来る		デパートへくつを買い**に行きます**。
～たい	→9과	わたしはジュースが飲み**たい**です。
～たがる	→9과	うちの子は外で遊び**たがって**います。
～ながら		テレビを見**ながら**、ご飯を食べます。
～そうだ		雨が降り**そう**です。
～なさい		早く起き**なさい**。

(2) 사전형 + ……

～ことができる	→13과	田中さんは4か国語を話す**ことができます**。
～前に		パンを食べる**前に**、手を洗いましょう。
～まで		バスが来る**まで**、ここで待ちましょう。
～ところだ		わたしはこれから出かける**ところ**です。
～な	→8과	たばこを吸う**な**。
～ようになる		このごろ日本語がわかる**ようになりました**。
～ため(に)		わたしは日本経済を勉強する**ため**、日本へ来ました。
～のに		テープレコーダーは会話の勉強をする**のに**便利です。

문제 2 ( ) 안의 동사를 알맞은 형태로 바꿔 _____ 위에 쓰세요.

① ヤンさんは友だちに_____に新宿へ行きました。（会う）
② あ、シャツのボタンが_____そうですよ。（とれる）
③ _____前に、かぎをかけたかどうかよく見てください。（出かける）
④ わたしはいつも音楽を_____ながら、勉強します。（聞く）
⑤ 新しい生活を_____ために、いろいろなものを買いました。（始める）
⑥ あなたの仕事が_____まで、わたしはここで本を読んでいます。（終わる）
⑦ 今からおふろに_____ところですから、後で電話します。（入る）
⑧ このはさみは花を_____のに使います。（切る）
⑨ 新しいパソコンが_____たいです。（買う）
⑩ この辺の海は危険ですから_____ことはできません。（泳ぐ）
⑪ 新しいめがねを買いました。小さい字もよく_____ようになりました。
　　　　　　　　　　　　　　　　　　　　　　　　　（見える）
⑫ 弟はオートバイに_____たがっています。（乗る）
⑬ たろう、自分のシャツは自分で洗たくを_____なさい。（する）
⑭ こら！ここにごみを_____な。（捨てる）
⑮ これ、安いですよ。どうですか。_____ませんか。（買う）
⑯ 天気がいいから駅まで_____ましょう。（歩く）
⑰ あなたもわたしたちのクラブに_____ませんか。（入る）

point 3 「사전형」 또는 「ない형」에 연결되는 문형

「사전형」 또는 「ない형」 + ……

문형	예문
～と　　→15과	ここにお金を入れると切符が出てきます。 めがねをかけないとよく見えません。
～つもりだ　→9과	わたしは日曜日に山へ行くつもりです。 わたしはもう医者へは行かないつもりです。
～ことになる	学校の旅行で、京都へ行くことになりました。 今年は、運動会は行わないことになりました。
～ことにする	わたしはきょうから毎日運動をすることにしました。 わたしはもう彼には会わないことにしました。
～ように（言う）	父はわたしに本をたくさん読むように（と）言いました。 あの人にあまりお酒を飲まないように言ってください。
～ことがある	母はこのごろ大切なことを忘れることがあるんです。 わたしはときどき昼ご飯を食べないことがあります。
～ように	よく聞こえるようにゆっくり話してください。 かぜをひかないように気をつけてください
～でください（「ない형」만）	ここにごみを捨てないでください。

문제 3 （　）안의 동사를「사전형」또는「ない형」으로 바꿔 _____위에 쓰세요.

① 危ないですよ。_____ようにに気をつけてください。（転ぶ）
② 先生にあした必ず宿題を_____ように言われました。（出す）
③ はっきり_____ように大きい声で話しましょう。（聞こえる）
④ わたしはお酒を_____と顔が赤くなります。（飲む）
⑤ きょうからはたばこは_____ことにしました。（吸う）
⑥ わたしたちは来月大阪へ_____ことになりました。（引っ越す）
⑦ 将来はわたしが母といっしょに_____つもりです。（住む）
⑧ 危ないですから、電車の窓から顔を_____でください。（出す）
⑨ わたしは高いものは_____ようにしています。（買う）
⑩ 松田さんは呼んでも返事を_____ことがあります。（する）

6課

보통형 ふつう形

Test ( ) 안을 알맞은 형태로 바꿔 _____ 위에 쓰세요.

① あ、東京駅へ_____バスが来ましたよ。（行きます）

② みちこさんはきょうはパーティーに_____でしょう。
　　　　　　　　　　　　　　　　　　　　　　　（来ません）

③ _____のに、リーさんは来ませんでした。（約束しました）

④ リーさんはきのう家に_____かもしれません。
　　　　　　　　　　　　　　　　　　　　　　　（いませんでした）

⑤ この本はちょっと_____と思います。（難しいです）

⑥ たろう：お父さんはお酒を飲まないね。どうして？
　　父：体に_____からだよ。（よくないです）

⑦ きのうの夜はとても_____ので、よく眠れませんでした。
　　　　　　　　　　　　　　　　　　　　　（暑かったです）

⑧ 天気予報によるとあしたは_____そうですよ。（雨です）

⑨ A：先生、マキさんはむかし、作文が上手でしたか。
　　B：さあ、20年も前の学生ですから_____かどうか覚えていません。　　　　　　　　　　　　　　　　　（上手でした）

⑩ A：あれ、新しい車を_____んですか。（買いました）
　　B：いえ、これは友だちから_____んです。（借りました）

point 1   정중한 형태와 보통형

정중형 → 「です・ではありません」「ます・ません」등이 붙는 형태입니다.
보통형 → 「です」「ます」등이 붙지 않는 형태이고, 어떤 정해진 문형(포인트 2, 3, 4)안
　　　　에서 사용되는 형태입니다. 기본형, 문중형, plain form 등이라고도 합니다.

예　① わたしは ☐☐☐☐☐☐☐☐ と思います。
　　　　　　　　　　　↑
　　② 　トニーはわたしを愛しています　。

　　① + ② = わたしはトニーはわたしを愛していると思います。

	정중형	보통형
동사	行きます	行く
	行きません ▶	行かない
	行きました	行った
	行きませんでした ▶	行かなかった
イ형용사	大きいです	大きい
	大きくないです・大きくありません	大きくない
	大きかったです	大きかった
	大きくなかったです・大きくありませんでした	大きくなかった
명사	元気・子どもです	元気・子どもだ
ナ형용사	元気・子どもでは（じゃ）ありません	元気・子どもでは（じゃ）ない
	元気・子どもでした	元気・子どもだった
	元気・子どもでは（じゃ）ありませんでした	元気・子どもでは（じゃ）なかった

▶ 예외 : ありません ➡ ない　　ありませんでした ➡ なかった

문제 1 보통형을 쓰세요.

정중형	보통형	정중형	보통형
見ます		楽しいです	
しません		おいしくなかったです	
来ました		きれいでした	
いませんでした		ひまじゃありませんでした	
できました		学生でした	

point 2   보통형을 사용하는 문형 ❶ 인용・전문

田中さんは言いました。「わたしは来年結婚します。」
　➡ 田中さんは「わたしは来年結婚します。」と言いました。
　➡ 田中さんは ~~田中さんは~~ 来年結婚すると言いました。

わたしは思います。「これはいい本です。」
　➡ わたしはこれはいい本だと思います。

妹の手紙に書いてありました。「お父さんはこのごろ元気がありません。」
　➡ 妹の手紙によると父はこのごろ元気がないそうです。

 두 개의 문장을 한 문장으로 만드세요.

> 예) 木村さんは言いました。「あの店のパンはおいしいですよ。」
> ➡ 木村さんはあの店のパンはおいしいと言いました。

❶ わたしは思います。「マリさんはやさしい人です。」
　➡ わたしは_____と思います。

❷ わたしは手紙に書きました。「先週引っ越ししました。」
　➡ わたしは手紙に_____と書きました。

❸ みんなが思っています。「敬語は簡単ではありません。」
　➡ みんなが_____と思っています。

❹ 医者は言いました。「入院しなくてもいいです。」
　➡ 医者は_____と言いました。

❺ ニュース「けさ中央線で事故がありました。」
　➡ ニュースによると、_____そうです。

❻ 中田さんの話「わたしの弟は有名な歌手でした。」
　➡ 中田さんの話では_____そうです。

❼ 愛子さんはわたしに言いました。「あなたのお母さんに会いたいです。」
　➡ 愛子さんは、_____と言いました。

❽ わたしは考えています。「みんなの力で戦争をやめさせなければなりません。」
　→ わたしは、_____と考えています。

point 3 　　　　　　　　　　보통형을 사용하는 문형 ❷ 명사 수식

かばん はわたしのです。
　↑━ 机(つくえ)の上にあります
机の上にある かばん はわたしのです。

わたしは レポート を社長に見せました。
　　　　　　↑━ わたしがきのう書きました
わたしは （わたしが）きのう書いた レポート を社長に見せました。

▶ 명사를 설명하는 문장에서의 주어는 「が」 또는 「の」로 표기합니다.

　× 妹は作ったケーキを食べてみてください。
　○ 妹が（の）作ったケーキを食べてみてください。

문제 3

( ) 안을 알맞은 형태로 바꿔 _____ 위에 쓰세요.

예) あ、東京駅へ<u>行く</u>バスが来ましたよ。（行きます）

① これはわたしが_____パンです。（作りました）
② 顔を_____せっけんはありませんか。（洗います）
③ あそこに_____人はワットさんです。（立っています）
④ わたしが_____ところはとても静(しず)かです。（住んでいます）
⑤ 先週、見学に_____所はどこですか。（行きました）
⑥ 子どものころいちばん_____ものは何ですか。（ほしかったです）
⑦ わたしは本を_____とき、めがねをかけます。（読みます）
⑧ アルバイトが_____日は何曜日ですか。（できません）
⑨ 10年前わたしが_____ことを覚(おぼ)えていますか。（言いました）
⑩ きのう_____人はだれとだれですか。（来ませんでした）

point 4   보통형을 사용하는 문형 ❸ 「〜の(ん)です」를 사용하는 경우

「〜の(ん)です」를 사용하는 경우

(1) 보고 들은 것을 통하여 판단한 것을 확인하고자 할 때
(2) 사정이나 이유를 설명할 때
(3) 설명을 요구할 때

A: あれ、どこか外国へ行く**ん**ですか。大きいかばんを持って……。(1)
B: ええ、急にフランスへ行くことになった**ん**です。(2)
A: どうしたんですか。フランスで何かあった**ん**ですか。(3)
B: ええ、パリの店の手伝い**なん**です。(2)

▶ 명사와 ナ형용사 〜だ ➡ なんです

「〜んです」를 사용해서 회화문을 만드세요.

❶ A: Bさん、おはよう。きょうは早いですね。
    B: ええ、7時の新幹線に_____。(乗ります)

❷ A: 熱心にテレビを見ていますね。そんなに_____か。(おもしろいです)
    B: ええ、すごくおもしろいですよ。

❸ A: あれ、いちごを食べないんですね。_____か。(きらいです)
    B: いえ、最後にゆっくり_____。(食べたいです)

❹ A: すみません。お願いしたいことが_____が、今いいですか。(あります)
    B: いえ、今ちょっと_____。(忙しいです)

❺ A: 田中さん、遅いですね。ここで会うと_____か。(約束しました)
    B: ええ、店の入り口で会おうと_____。(言いました)

point 5　　　　　　　　　　　　　　　　　보통형을 사용하는 문형 ❹

그 외의 문형

～からだ	A：どうしてあの人は怒っているんですか。 B：あなたがうそを言った**から**ですよ。
～し	雨も降っている**し**時間もない**し**、タクシーで行きましょう。
～でしょう ▶1	あの人はきょう車で来たから、お酒は飲まない**でしょう**。 〈天気予報〉あしたは雨**でしょう**。
～か（どうか） ▶1	山口さんが今どこに住んでいる**か**知っていますか。 来週ひま**かどうか**まだわかりません。
～かもしれない ▶1	5年も会っていませんが、ゆみこさんはもう結婚した**かもしれません**。 雲が多いですね。きょうはかさが必要**かもしれません**よ。 すごく寒いですね。今夜は雪が降る**かもしれません**よ。
～らしい ▶1	田中さんは出かけた**らしい**です。留守番電話になっていましたから。 林さんの話によると、彼女の仕事は大変**らしい**ですよ。
～ので ▶2	きょうはとても忙しかった**ので**疲れました。 この子はまだ4歳な**ので**、字は読めません。
～のに ▶2	5時に来ると約束した**のに**、彼女は来ませんでした。 わたしはワインが大好きな**のに**、車で来たからきょうは飲めません。
～ようだ ▶3	この魚、ちょっと古い**よう**ですよ。いやなにおいがしますね。 星がたくさん見えます。あしたはいい天気の**よう**です。
～ため（に） ▶3	パソコンが壊れた**ため**、レポートが間に合いませんでした。 大雪の**ために**電車が遅れています。
～はずだ ▶3	変だなあ、携帯はちゃんとかばんの中にある**はず**だけど……。 隣のうちの娘さんはおととし高校を卒業したから、今年二十歳の**はず**です。

▶1　예외：명사・ナ형용사　～だ
▶2　예외：명사・ナ형용사　～だ＋な
▶3　예외：명사　～だ＋の　ナ형용사　～だ＋な

문제 5 ( ) 안을 알맞은 형태로 바꿔 _____ 위에 쓰세요.

1. 〔パーティーの会場で〕

A：Bさん、田中さんはきょう ❶_____でしょうか。（来ます）

B：さあ、❷_____かもしれませんよ。かぜを ❸_____
らしいです。（来ません）　　　　　　　　　　　　　　　　（ひきました）

A：そうですか。おとといとても ❹_____のに、遅くまで外で仕事
を ❺_____からでしょう。（寒かったです）（していました）

B：今、どこに ❻_____か、電話して聞いてみましょうか。
　　　　　　　　　（います）

A：いえ、来られないときは、田中さんは必ず ❼_____はずです。
　　　　　　　　　　　　　　　　　　　　　　（連絡します）

2. 〔川田さんへの手紙〕

川田さん、お手紙ありがとうございました。❶_____ようで安心しま
した。　　　　　　　　　　　　　　　　　　（お元気です）

お手紙を ❷_____のに、すぐ返事を書かなくてすみません。
　　　　　（いただきました）

先週は宿題も ❸_____し、試験も ❹_____ので、とても
忙しかったのです。（多かったです）　　　　　（ありました）

それに、今は夜、アルバイトを ❺_____ため、時間が ❻_____
のです。　　　　　　　　　（しています）　　　　　　　　（ありませんでした）

でも、来月は少しひまに ❼_____はずですから、❽_____か
　　　　　　　　　　　　（なります）　　　　　　　　（会えます）
もしれませんね。楽しみにしています。

　　　　　　　　　　　　　　　　　　　　　　　　　　　　　　シンより

Column

중요한 부사 ❶ 다음 부사는 사용할 수 있는 문장에 제한이 있습니다.

1. 부정의 문장과 함께 사용하는 것

あまり	きょうはあまり寒く<u>ない</u>ですね。
ぜんぜん	日本語がぜんぜんわかり<u>ません</u>。
なかなか	なかなかバスが来<u>ません</u>ね。
少しも	この本、難(むずか)しくて少しもわかり<u>ません</u>。
決(けっ)して	もう決して悪いことはし<u>ません</u>。
一〜も	わたしはまだ一度も京都へ行ったことがあり<u>ません</u>。
	この町には本屋が一軒(けん)もあり<u>ません</u>。
	クラスに二十歳(はたち)以下の人は一人もい<u>ません</u>。

2. 과거를 나타내는 문장과 함께 사용하는 것

たった今	バスはたった今出てしまい<u>ました</u>。
さっき	山中さんはさっき帰り<u>ました</u>。
このあいだ	このあいだ駅で本田さんに会い<u>ました</u>。

3. 가까운 과거에서부터 현재까지의 일을 나타내는 문장과 함께 사용하는 것

このごろ	田中さんはこのごろよく遅刻(ちこく)し<u>ます</u>ね。
最近(さいきん)	最近少し太り<u>ました</u>。／最近星がきれいに見え<u>ます</u>ね。

4. 미래를 나타내는 문장과 함께 사용하는 것

もうすぐ	父はもうすぐ帰ってき<u>ます</u>。
これから	わたしはこれから体育館(たいいくかん)へ行き<u>ます</u>。
そろそろ	そろそろ出かけ<u>ましょう</u>か。
いつか	今は小さいけれど、この子もいつか大人になり<u>ます</u>。

「こ・そ・あ」자신과 상대방과의 관계
「こ・そ・あ」自分と相手との関係

Test 1 그림을 보고 「この・その・あの」「これ・それ・あれ」「ここ・そこ・あそこ」를 쓰세요.

Test 2 알맞은 말을 고르세요.

① 〔携帯電話で〕

兄：もしもし。

妹：もしもし、あ、兄さん、今どこにいるの？{ここ　そこ　あそこ}はどこ？

兄：今、東京駅。{ここ　そこ　あそこ}は北口の改札口だよ。

② 〔雑誌を見ながら〕

父：ほら、見て、{この　その　あの}人。前に新幹線の中で会ったんだよ。

娘：{この　その　あの}話、前にも聞いたよ。

❸ A：きのう、デパートで会った林さんのことだけど……。

　B：ええ、{ この　その　あの }人、ずいぶんうれしそうでしたね。

　A：ええ、わたしも{ こんなに　そんなに　あんなに }うれしそうな林さんは初めて見ましたよ。

❹〔いっしょに映画を見る前に〕

　A：{ この　その　あの }映画、おもしろそうだね。

　B：ええ、{ これ　それ　あれ }はアカデミー賞をとったのよ。

❺ お正月に国へ帰って、友だちに会いました。{ この　その　あの }友だちも日本に留学したいと言っていました。

point 1 「こ・そ・あ」의 사용 방법 – 그 장소에서 사람이나 사물을 가리켜 이야기할 때

(1) 이야기하는 사람과 상대방이 같은 영역에 있을 때
　　이야기하는 사람과 상대방의 공통 영역에 있는 사물 → 「**こ**」

　　　A : **これ**はあなたの本ですか。
　　　B : いいえ、**これ**はリンさんのです。

(2) 이야기하는 사람과 상대방이 대립하는 영역에 있을 때
　　이야기하는 영역의 사물 → 「**こ**」
　　상대방의 영역의 사물 → 「**そ**」

　　　A : **これ**はだれのですか。
　　　B : **それ**はリンさんのです。

(3) 이야기하는 사람과 상대방이 같은 영역에 있으며,
　　2명이 외부 영역의 사물을 가리키고 있을 때
　　이야기하는 사람과 상대방이 공통으로 보이는 영역의 사물 → 「**あ**」

　　　A : **あそこ**でちょっと休みましょう。
　　　B : ええ、**あの**木の下がいいですね。

알맞은 말을 고르세요.

❶ 〔Bさんの部屋で〕
　　A : わあ、いい部屋ですね。{ この　その　あの } 部屋にあなた一人で住んでいるんですか。
　　B : ええ、{ ここ　そこ　あそこ } は便利ですよ。

❷〔いっしょに音楽を聞きながら〕
A：あ、｛この　その　あの｝歌、どこかで聞いたことがある。
B：ああ、｛これ　それ　あれ｝は「花」という歌よ。

❸〔デパートで〕
A：あら、｛ここ　そこ　あそこ｝にいる人、山中さんですよね。
B：え？ビルの上の？｛この　その　あの｝人は山中さんじゃありませんよ。

❹〔電話で〕
A：もしもし、今、駅に着いたところです。｛ここ　そこ　あそこ｝からお宅までどう行けばいいですか。
B：あ、｛ここ　そこ　あそこ｝で待っていてください。すぐ迎えに行きますから。

❺〔Aが着ている服を指して〕
A：見てください。｛この　その　あの｝服、姉が作ったんです。
B：じゃ、｛これ　それ　あれ｝はお姉さんからのプレゼントですね。

❻〔コーヒーショップで二人でケーキを食べながら〕
A：｛この　その　あの｝コーヒーおいしい。あなたのケーキもおいしそうですね。
B：ええ、でも、｛この　その　あの｝ケーキもきれいで、おいしそうじゃありませんか。

❼旅行会社の人：みなさん、｛こちら　そちら　あちら｝に見えるのが金時山でございます。
　　　旅行者：ああ、｛これ　それ　あれ｝が金時山ですか。

❽〔教室で、テストを見ながら〕
A：ああ、困った。｛こんな　そんな　あんな｝点数をとってしまった。もう、勉強はいやだなあ。
B：｛こんな　そんな　あんな｝こと言わないで、またがんばりましょう。

point 2　　　　　　　　　　　대화속에 나오는 「こ・そ・あ」

(1) 회화의 경우

　　a. 이야기하는 사람이나 상대방이 공통으로 알고 있는 사물 → 「あ」

　　　A : きのう駅前の花屋で花を買ったんだけど……。
　　　B : ああ、**あの店**ね。**あそこ**は、店員さんが親切だね。

　　b. a 이외 → 「そ」

(2) 한 사람이 이야기할 경우

　　이야기하는 사람의 이야기속에 나오는 사물 → 「そ」

　　弟は今パン屋でアルバイトをしています。
　　そのパン屋のパンはとてもおいしいんです。

▶ 단 이야기를 하는 사람에게 가까운 것, 특별한 관심이나 감정을 가지고 있는 것에는
　「こ」를 사용하는 경우가 많다.
　わたしの娘の名前はゆり子です。**この子**は今、幼稚園に通っています。

　알맞은 말을 고르세요.

❶ 〔思い出しながら〕

　A : おととし、いっしょに箱根へ行ったでしょう。{ これ　それ　あれ }は
　　　6月でしたよね。

　B : いいえ、8月ですよ。{ この　その　あの }日はとても暑かったからよく
　　　覚えています。

❷ A : わたしの高校のときの友だちに中山ひとみという人がいました。きのう駅で
　　　{ この　その　あの }人に会ったんです。

　B : へえ、{ この　その　あの }人には久しぶりに会ったの？

❸ きのうインド料理のレストランへ行きました。{ ここ　そこ　あそこ }でカレー
　を食べて、{ この　その　あの }後、ビデオ屋に行きました。ほら、覚えている
　でしょう、去年いっしょに見たアメリカの映画。{ これ　それ　あれ }はおもし
　ろかったですね。もう一度見たいと思っていたんです。

문제 3 알맞은 말을 고르세요.

1. 〔日本料理屋で〕

    A：いい店ですね。よく ❶{ ここ そこ あそこ }へ来るんですか。

    B：ええ、❷{ この その あの }店へはもう5回来ました。むかし、駅の前にすし屋があったでしょう。

    A：ええ、ありましたね。

    B：❸{ この その あの }店の息子さんが ❹{ ここ そこ あそこ }に新しく店を開いたんですよ。

    A：へえ、息子さんがいたんですか。❺{ この その あの }息子さんは今何歳ですか。

    B：40歳ぐらいだと思います。彼の子どもがうちの子どもと友だちなんです。事務の田中さん、知っているでしょう？ ❻{ この その あの }人のおじょうさんも同じクラスなんです。田中さんも ❼{ ここ そこ あそこ }の魚料理はおいしいと言っていましたよ。

    A：ええ、❽{ この その あの }料理、ほんとうにおいしいですね。

2. 〔Bさんの引っ越しの荷物を箱に入れながら〕

    A：あ、重い。❶{ これ それ あれ }は一人では持てません。❷{ こんなに そんなに あんなに }重いとは思いませんでした。

    B：本が入っているんですよ。❸{ この その あの }部屋は広いから本がたくさんあるんです。

    A：じゃ、半分に分けましょう。Bさんのそばにある ❹{ この その あの }箱に半分入れましょう。

    B：❺{ これ それ あれ }ですか。

    A：ええ。❻{ こちら そちら あちら }に投げてください。

    　　　　　︙

    A：新しいアパートは横浜ですよね。❼{ こちら そちら あちら }には何時ごろ着くでしょうね。

    B：3時ごろかな。5時ごろ近所の人にあいさつをします。❽{ この その あの }後で、何かおいしいものを食べましょう。近くにいろいろな店があるようですから。

    A：それは楽しみですね。

8課

제안·권유 자신의 행위의 제안 혹은 상대방에 대한 동작의 권유
申し出・勧誘 自分の行為の申し出か、相手への働きかけか

Test 1 다음 중 알맞은 것을 고르세요.

① この部屋、わたしがそうじを｛a しましょうか　b しませんか｝。
　――ええ、お願いします。

② 疲れているのなら、ゆっくり｛a 休みましょうか　b 休んだほうがいいですよ｝。
　――はい、そうします。

③ アルバイト、この雑誌で｛a 探しましょう　b 探したらどうですか｝。
　――わかりました。そうします。

④ この仕事、ぜひわたしに｛a やらせてください　b やってください｝。
　――ええ、じゃあ、やってみてください。

⑤ 店員：これ、とてもいい車ですよ。どうですか｛a 買いましょうか　b 買いませんか｝。
　客：そうですねえ。妻と相談します。

Test 2 ( )안의 동사를 알맞은 형태로 바꿔서_____위에 쓰세요.

① 今度の日曜日にいっしょにご飯を_____か。(食べる)
　――いいですね。そうしましょう。

② 次の漢字の読み方を_____なさい。(書く)

③ 電車がまいります。危ないですから白線の内側にお_____ください。　(下がる)

❹ 病院の中では携帯電話を＿＿＿＿＿＿＿ください。（使う）

　――はい、わかりました。

❺ 父にそんな服は＿＿＿＿＿＿＿なと言われました。（着る）

point 1　　　　　　　　　　　　　　　　　제안·권유의 말투

하는 사람	문형	예문
わたし	～ましょう	その仕事はわたしがしましょう。 ── そうですか。ありがとう。
	～ましょうか	そのかばん、持ちましょうか。 ── ええ、お願(ねが)いします。
わたしと あなた いっしょに	～ましょう	ここでちょっと休みましょう。 ── そうですね。
	～ましょうか	コーヒーでも飲みましょうか。 ── ええ、そうしましょう。
	～ませんか	あした、海を見に行きませんか。 ── いいですね。行きましょう。
あなた	～ませんか	あした、うちへ遊(あそ)びに来ませんか。 ── ええ、行きたいです。

문제 1　다음 중 알맞은 것에 O를 하세요.

❶ (　) a これ、おいしいですよ。あなたも食べてみましょうか。
　 (　) b これ、おいしいですよ。あなたも食べてみませんか。
　── そうですか。ありがとう。

❷ (　) a きょうはわたしが料理を作りましょうか。
　 (　) b きょうはあなたが料理を作りませんか。
　── ありがとう。お願(ねが)いします。

❸ 今晩(こんばん)、いっしょに飲みませんか。
　 (　) a ── はい、飲みません。
　 (　) b ── いいですね。飲みましょう。

❹ あなたもうちのクラブに入りませんか。

　　（　）a ── はい、入ります。

　　（　）b ── はい、入りません。

❺ これ、さしあげましょうか。

　　（　）a ── ええ、そうしましょう。

　　（　）b ── はい、ありがとうございます。

❻ その荷物、重そうですね。お持ちしましょう。

　　（　）a ── ありがとう。

　　（　）b ── そうですね。そうしましょう。

point 2 　　　　　　　　　　　　　　　　　의뢰・지시・충고・명령 등의 말투

おＶください	ここに住所とお名前をお書きください。
～てください	これ、運んでください。（あなたが運ぶ）
	すみません。あした休ませてください。（わたしが休む）
～ないでください	そんなに笑わないでください。
～たほうがいい	会場へはバスで行ったほうがいいですよ。
～ないほうがいい	そんなにお酒を飲まないほうがいいですよ。
～たらどうですか	疲れたでしょう。少し休んだらどうですか。
명령	起きろ。立て。来い。走れ。
금지 명령	来るな。するな。

문제 2

알맞은 말을 고르세요.

A：あしたうちでバーベキューパーティーをするんだけど、あなたも ❶{ a 来ましょう　b 来ましょうか　c 来ませんか }。

B：いいですね！行きたいです。

A：じゃ、すみませんが、来るとき、紙のお皿を ❷{ a 買ってきてください　b 買ってきたらどうですか　c 買ってこい }。

B：わかりました。ビールも ❸{ a 買っていきませんか　b 買っていきましょうか　c 買っていったらどうですか }。

A：ビールはうちにありますからいいですよ。

B：ほかにだれが行きますか。

A：え～と、田中さん、マリアさん、スミスさん、友田さん、ヤンさん……。

B：山田さんも ❹{ a 誘ってくださいませんか　b 誘われてください　c 誘え }。

A：え、山田さんですか。どうして？

B：先週、山田さんに、わたしと ❺{ a 結婚してください　b 結婚させてくださ

い　c 結婚したほうがいいです｝と言って、結婚を申し込んだんですけど、まだ返事がもらえなくて心配なんです。

A：あら、まあ、ハハハ……。

B：Aさん、❻｛a 笑わないでください　b 笑うな　c 笑わないほうがいいですよ｝。

A：❼｛a 笑え　b 笑うな　c 笑わない｝といっても笑ってしまいますよ。

B：困ったなあ。みんなに早く❽｛a 結婚する　b 結婚しよう　c 結婚しろ｝と言われているんですよ。

자신 혹은 다른 사람 自分か他者か

Test 1 다음 중 알맞은 것을 고르세요.

① わたしはカメラマンに {a なろう b なる} つもりです。
② わたしはあしたのパーティーに {a 行こう b 行く} と思っています。
③ 弟は新しいパソコンを {a 買おう b 買う} としています。
④ ドンさんは今の仕事を {a やめない b やめたくない} つもりだそうです。
⑤ わたしはいろいろな所を {a 見物する b 見物しよう} と思います。

Test 2 다음 중 알맞은 것을 고르세요.

① 犬が死んでしまったので、わたしは {a さびしいです b さびしそうです}。
② 弟は犬のおもちゃ {a がほしいです b をほしがっています}。
③ タンさんは専門学校に入ろうと {a 思っています b 思います}。
④ シンさんは新しい車が {a 買いたいです b 買いたいらしいです}。
⑤ タンさん、気分が {a 悪いです b 悪いようです} ね。休んだらどうですか。

point 1　　　　　　　　　　　　　　　　　　　　　　　　의지형 「う・よう형」

(1) 「う・よう형」 만드는 법

	う・よう형	
동사1	会う → 会おう 書く → 書こう 立つ → 立とう 飛ぶ → 飛ぼう	あいうえお かきくけこ たちつてと ばびぶべぼ
동사2	食べる+よう → 食べよう	
동사3	する → しよう 来る → 来よう	

(2) 「う・よう형」 만드는 법

① 「う・ようと思います」 → point 2

② 「う・よう」 → 정중한 형태 「ましょう」의 일반형

　一郎、いっしょに帰ろう。
　もう、12時だ。寝よう。寝よう。
　あした花子に会いに行こう。

③ 「う・ようとする」 → ~하기 직전인 것, ~하도록 노력한다는 의미.

　わたしはお金を払おうとしました。そのとき、先輩が「わたしが払うよ」と言いました。
　タンさんは知っていることばを使って、いっしょうけんめい日本語で話そうとしています。

문제 1
표 안에 「う・よう형」을 쓰세요.

飲む	飲もう	ちょっと休む	ちょっと
泳ぐ		映画を見る	映画を
歌う		勉強する	勉強
走る		あしたも来る	あしたも

（　）안의 동사를 「う・よう형」으로 바꿔 _____위에 쓰세요.

❶ 家を_____としたとき、電話のベルが鳴りました。（出る）

❷ あ、おいしそうないちごだ。おみやげに買って_____。（行く）

❸ わたしは家族というテーマでレポートを_____と思います。（書く）

❹ 夏休みに富士山に_____と思っています。（登る）

❺ あの小鳥は_____としていますが、まだ上手に飛べません。（飛ぶ）

point 2

1인칭 · 3인칭 – 의지 · 의향

1인칭 わたし	う・ようと思います う・ようと思っています つもりです	わたしは花子と結婚しようと思います。 夏休みにハワイへ行こうと思っています。 夏休みには国へ帰るつもりです。
3인칭 ほかの人	う・ようと思っています つもりのようです	タンさんは国へ帰ろうと思っています。 (×タンさんは国へ帰ろうと思います。) タンさんは国へ帰るつもりのようです。 (×タンさんは国へ帰るつもりです。)

▶ 1 「思います」의 주어는 1인칭뿐입니다.
▶ 2 1인칭의 「思っています」는 감정을 일정기간 동안 계속해서 지니고 있을 경우에 사용합니다.
▶ 3 「つもり」를 이용하여 3인칭의 의지를 나타낼 경우에는 뒤에 다음과 같은 말을 붙입니다.

$$タンさんは国へ帰るつもり + \begin{cases} なのです。 \\ のようです。／らしいです。 \\ だそうです。／だと言っています。 \end{cases}$$

▶ 4 부정형은 「う・ようと(は)思いません／思っていません」「ないつもりです／つもりはありません」

문제 3

다음 중 알맞은 것을 고르세요.

① わたしは大学で経済を {a 勉強する b 勉強しよう} と思います。

② わたしは来月から水泳を {a 習う b 習おう} つもりです。

③ 大きくなったら、わたしはパン屋に {a なる b なろう} と思っています。

④ わたしは高いものは買わない {a つもりです b と思っています}。

⑤ タンさんは毎日自分で料理を作ろうと {a 思います b 思っています}。

⑥ 国へ帰ったら何を {a する b しよう} と思っていますか。

⑦ 先生：この学校を卒業したらどうする {a つもりですか b と思っていますか}。
　学生：まだ決めていません。

⑧ リンさんは花子さんにゆびわをあげる {a つもりだそうです b つもりです}。

point 3　　　　　　　　　　1인칭·3인칭 – 마음 속의 것

생각한 것이나 느낀 것을 이야기할 때에는 1인칭(나) 혹은 3인칭(다른 사람)에 따라 문법 규칙이 다릅니다.
3인칭이 주어일 때, 말을 추가합니다.

- 희망·욕구를 나타내는 말　ほしい、〜たい
- 감정을 나타내는 말　うれしい、悲(かな)しい、いやだ、残念(ざんねん)だ……
- 감각을 나타내는 말　痛(いた)い、眠(ねむ)い……

1인칭 わたしは	パソコンがほしいです パソコンが買いたいです うれしいです	
3인칭 林さんは	パソコンがほしい ▶1 パソコンが買いたい うれしい	＋ { のです・んです ようです／らしいです そうです(전문) そうです(양태) ▶2 がっています ▶2
	いや	＋ { な のです・んです／ようです だ そうです(전문) らしいです(양태)／そうです がっています

▶1　〜<u>が</u>ほしい ➡ 〜<u>を</u>ほしがっています
▶2　ほし⇤
　　買いた⇤ } ＋そうです／がっています
　　うれし⇤

문제 4 다음 중 알맞은 것을 고르세요.

① わたしは大切な問題は家族とよく話し合って { a 決めたいです　b 決めたがっています }。

② 留学が決まって、田中さんは { a うれしいです　b うれしそうです }。

③ わたしは食べすぎて、おなかが { a 痛いです　b 痛そうです }。

④ わたしは新しい車 { a がほしいです　b をほしがっています }。

⑤ 新幹線で隣の人がずっとたばこを吸っていました。わたしは煙 { a がいやでした　b をいやがりました }。

⑥ ジャネットさんは今夜、国の両親に電話を { a したいです　b したいそうです }。

⑦ 東：森さんはこのごろ元気がありませんね。
　　林：森さんは一人娘が結婚するので、{ a さびしいですよ　b さびしいんですよ }。

⑧ 中村さんは婚約者のいるタイへ早く { a 行きたいです　b 行きたいようです }。

⑨ デパートへ行くと、妹はいつも服を { a 買いたいです　b 買いたがります }。

⑩ リーさんはガールフレンドが国へ帰ってしまったので、とても { a 残念です　b 残念がっています }。

문제 5 다음 중 알맞은 것을 고르세요.

　　夏休みに、友だちといっしょに国際キャンプに行きました。
　　昼間、わたしたちはいっしょにゲームをしたり、湖で泳いだりしてとても
① { a 楽しそうでした　b 楽しかったです }。
　　しかし、夜になると、みんな静かになりました。タンさんは一人で星を見ていました。少し ② { a さびしそうでした　b さびしかったです }。家族のことを
③ { a 思い出しました　b 思い出したのでしょう }。
　　リンさんは携帯電話を持って、あちらこちらを歩き回っていました。ガールフレンドの愛子さんと ④ { a 話したかったです　b 話したかったようです }。
　　わたしも友だちにはがきを ⑤ { a 書きたかったのですが　b 書きたかったらしいですが }、疲れていたので早く寝ました。

계속성 또는 순간성 継続性か・瞬間性か

Test 1 다음 중 알맞은 것을 고르세요.

① わたしは5時まで仕事を{ a します　b 終わります }。
② 毎日、何時間くらい{ a 寝ますか　b 起きますか }。
③ わたしは夏休みの間{ a 北海道にいます　b 引っ越しします }。
④ レポートはあしたの3時に{ a 書いてください　b 出してください }。
⑤ 電車の中でずっと{ a 本を読みました　b 立ちました }。

Test 2 다음 중 알맞은 것을 고르세요.

① あなたはお父さんに{ a 似ますね　b 似ていますね }。
② A：ヤンさんの電話番号を{ a 知りますか　b 知っていますか }。
　B：いいえ、知りません。
③ 電車の中で携帯電話を{ a なくしました　b なくしていました }。
④ 父は今、この会の会長を{ a します　b しています }。
⑤ 兄も姉も{ a 結婚します　b 結婚しています }。子どもが2人ずついます。

point 1-1　　　　　　　　　　　　　　　　　　　동사의 종류

동사는 다음과 같이 분류할 수 있습니다.

(1) 상태동사 …「ある(존재), いる(존재), 要る, できる(가능), 가능 동사 등」이 있습니다.

(2) 동작・일어난 일을 나타내는 동사

　① 계속되는 동작이나 사건을 나타낸다. (계속 동사)

　　　예　作る　読む　勉強する　働く　など

　② 주체가 순간적으로 변하는 동작, 사건을 나타낸다.(순간 동사)

　　(電気が) つく

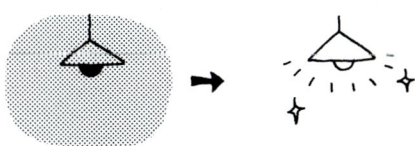

　　　예　落ちる　(車が)止まる　出る　始まる　咲く　など

문제 1　　□ 안의 동사를 ①②의 두 개로 나누세요.

~~考える~~	聞く	使う	起きる	話す	立つ
待つ	終わる	走る	倒れる	死ぬ	~~落ちる~~

① 계속 동사
　考える

② 순간 동사
　落ちる

point 1-2 「〜ている」의 의미

(1) 「계속 동사 + ている」로 사건이나 동작이 계속되고 있는 것을 나타냅니다.

まり子が本を読んでいます。

(2) 「순간 동사 + ている」로 변화의 결과인 상태가 계속되고 있는 것을 나타냅니다.

りんごが落ちました。　　りんごが落ちています。

문제 2

다음의 「ています」는 ①입니까? ②입니까?

> ①まり子が本を読んでいます。
> ②りんごが一つ落ちています。

❶ (　) 雪が降っています。
❷ (　) まりさんはきょうも赤いセーターを着ています。
❸ (　) 友子さんは勉強しています。
❹ (　) 教室の電気がついています。
❺ (　) 窓の下に虫が死んでいます。
❻ (　) 李さんと金さんはテニスをしています。
❼ (　) 郵便局はもう閉まっています。
❽ (　) 田中さんは金さんと話しています。

> 항상 「ています」의 형태로 사용하는 것
> わたしは横浜に住んでいます。
> 大きいかばんを二つ持っています。
> あの人の名前を知っていますか。
> 私は友子を愛しています。 등

point 2-1　　　　　　　　　　　계속 또는 순간 – 조사 등

시간적인 폭과 시점

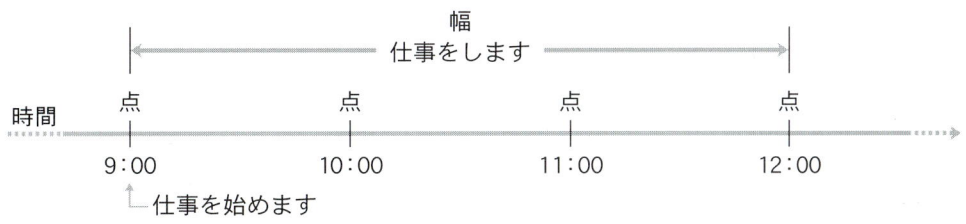

폭을 나타내는 말	～から　～まで　　～間　　～時間（日／週間／月）등
시점을 가리키는 말	～に　　～までに　～間に 등

▶ 시간의 폭을 나타내는 말은 계속적인 동작을 나타내는 동사와 함께 사용합니다.
▶ 시점을 가리키는 말은 순간적으로 완료되는 동작이나 변화를 나타내는 동사와 함께 사용합니다.

문제 3　다음 중 알맞은 것을 고르세요.

❶ あしたは ｛a 9時まで　b 9時に｝仕事を始めましょう。
❷ きのう、｛a 10時から12時まで　b 10時に｝テレビを見ました。
❸ きのうは ｛a 3時間　b 3時までに｝勉強しました。
❹ あしたは ｛a 12時まで　b 12時までに｝空港に着かなければなりません。
❺ 父は ｛a 70歳の年まで　b 70歳の年に｝仕事を続けました。
❻ わたしがるすの ｛a 間　b 間に｝うちの犬は庭で遊んでいます。
❼ 雨がやむ ｛a まで　b までに｝ここにいましょう。
❽ わたしは ｛a 1970年から　b 1970年に｝生まれました。
❾ みちこさんは毎日 ｛a 何時間　b 何時に｝家に帰りますか。
❿ わたしは日本にいる ｛a 間　b 間に｝結婚しました。

point 2-2　계속인가・순간인가 – 동사 뒤에 계속되는 형태

계속적인 것인가 또는 순간적인 것인가의 차이는 동사 뒤에 이어지는 형태를 통해서도 알 수 있습니다.

계속성과 순간성을 구별하는 것

〜ている 포인트 1-2	リンさんは今、本を読ん**でいます**。 リンさんはめがねをかけ**ています**。	계속성
〜てある	リンさんのかさには名前が書い**てあります**。	
〜つづける	朝からずっと運転し**つづけて**、疲れました。	
〜はじめる	わたしは4歳のときピアノを習い**はじめました**。	순간성
〜おわる	9時にやっと宿題の本を読み**おわりました**。	

 그림을 보고 ☐ 안의 말과 「ている」를 사용해서 문장을 완성시키세요.

| ~~すわる~~ | 止まる | 飛ぶ | 遊ぶ | 並ぶ | 咲く | 寝る | 弾く | する |

예　おばあさんが草の上にすわっています。

❶ 鳥が_____。

❷ 車が_____。

❸ 木が_____。

❹ 花が_____。

❺ 子どもたちが_____。

❻ Aさんがギターを_____。

❼ BさんとCさんがバドミントンを_____。

❽ Dさんが_____。

문제 5

( ) 안의 동사를「〜はじめる」「〜つづける」「〜おわる」의 형태로 바꿔 _____위에 쓰세요.

> 예 きのうの夜9時ごろこの本を**読みはじめました**。でも、おもしろくて**読みおわる**までやめられませんでした。（読む）

❶ _____テレホンカードをこの箱（はこ）に入れてください。（使う）

❷ この子は1歳（さい）半くらいのとき、_____。（話す）

❸ わたしはずっとこの会社で_____たいです。（働く）

❹ このレポートは3ヶ月前に①_____。（書く）そして、きょうやっと②_____。（書く）

❺ わたしはお茶を買ってきますから、どうぞ先に_____てください。（食べる）

문제 6

( ) 안의 동사를 적당한 형태로 바꿔 _____위에 쓰세요. 필요한 경우에는「ている」「てある」를 쓰세요.

❶ A：林さんはどこですか。
　 B：ロビーで友子さんと_____。（話す）

❷ この銀行は何時から何時まで_____か。（開く）

❸ この銀行は何時に_____か。（閉（し）まる）

❹ わたしはいろいろな形（かたち）のぼうしを_____。（持つ）

⑤ あ、見てください。外は雪が＿＿＿＿＿＿＿＿＿＿＿＿＿＿＿よ。(降る)

⑥ わたしは来年高等学校を＿＿＿＿＿＿＿＿＿＿＿＿＿＿。(卒業する)

⑦ あ、ドアにかぎが＿＿＿＿＿＿＿＿＿＿＿＿＿＿よ。だれもいないのかな。(かかる)

⑧ 急に電気が＿＿＿＿＿＿＿＿＿＿＿＿＿ので、びっくりしました。(消える)

⑨ このボタンを押すと、電気が＿＿＿＿＿＿＿＿＿＿＿＿＿。(つく)

⑩ ドアの上に「スミス」と名前が＿＿＿＿＿＿＿＿＿＿＿＿＿＿。(書く)

문제 7

( ) 안의 동사를 적당한 형태로 바꿔 ＿＿＿＿위에 쓰세요. 필요한 경우에는「ている」「てある」를 쓰세요.

1. わたしは日本に来てからずっと横浜に❶＿＿＿＿＿＿＿＿＿＿＿＿＿が、
　　　　　　　　　　　　　　　　　　　　　　　　(住む)

夏休みの間に❷＿＿＿＿＿＿＿＿＿＿＿＿＿つもりです。
　　　　　　　(引っ越しする)

今度❸＿＿＿＿＿＿＿＿＿＿＿＿＿ところは、駅にも近くて便利です。サンプラザと
　　　　(住む)

いう建物を❹＿＿＿＿＿＿＿＿＿＿＿＿＿でしょう。あの近くです。
　　　　　　　(知る)

2. 〔パーティーの準備〕

今晩、夏子さんのうちで春子さんの誕生パーティーをします。

友だちが集まって、今、楽しそうに準備を❶＿＿＿＿＿＿＿＿＿＿＿＿＿。
　　　　　　　　　　　　　　　　　　　　　　　　　(する)

夏子さんはテーブルの上にお皿やコップを❷＿＿＿＿＿＿＿＿＿＿＿＿＿。
　　　　　　　　　　　　　　　　　　　　　　　　(並べる)

秋子さんがさっき花を買ってきて、飾りました。

テーブルの上にはきれいな花が❸＿＿＿＿＿＿＿＿＿＿＿＿＿。(飾る)

冬子さんが料理の材料をたくさん買ってきました。

秋子さんと冬子さんは今、台所で料理を❹＿＿＿＿＿＿＿＿＿＿＿＿＿。(作る)

飲み物はきのう夏子さんが買ってきました。

冷蔵庫にはジュースやビールが❺＿＿＿＿＿＿＿＿＿＿＿＿＿。(冷やす)

말하는 사람의 위치 ～ていく・～てくる
話者の位置 ～ていく・～てくる

Test 다음 중 알맞은 것을 고르세요.

① 悲しい映画を見ていたら、涙が出て { a きました　b いきました }。

②〔電車の中で〕
ほら、向こうに海が見えて { a きたでしょう　b いったでしょう }。
目的地はもうすぐですよ。

③ わたしは今までずっと両親といっしょに生活して { a きました　b いきました }。

④〔山を見て〕
わあ、あんな高いところまで登って { a くるのは　b いくのは } 大変だなあ。

⑤ この子がこれから大きくなって { a くる　b いく } のが楽しみです。

⑥ ヤンさんは20分も遅れて教室に入って { a きて　b いって } わたしの隣にすわりました。

⑦ どこからかかねの音が聞こえて { a きました　b いきました }。

⑧ 先生：みなさん、宿題の作文を書いて { a きましたか　b いきましたか }。

⑨ あ、さとうがないわ。ちょっとスーパーで買って { a きます　b いきます }。

⑩ ヤンさん、この書類、事務室の小林さんのところに持って { a きて　b いって } ください。

point 1　　　　　　　　　　　　　　　　　말하는 사람의 시점

일본어에서는 말하는 사람의 시점에서 사물을 보고 말로 나타내는 표현이 많습니다.

	말하는 사람의 위치 및 시점으로 다가올 때	말하는 사람의 위치 및 시점에서 벗어날 때
말하는 사람· 다른 사람의 이동	来る・～てくる 예 犬が走ってきました。	行く・～ていく 예 犬が走っていきました。

문제 1　다음 중 알맞은 것을 고르세요.

❶ あした、わたしのうちへ {a 来ませんか　b 行きませんか}。
　── はい。では、午後 {a 来ます　b 行きます}。

❷ きのう、田中さんのうちでいっしょにビデオを見ました。ヤンさんも後から
　{a 来ました　b 行きました}。

❸ 1972年に日本の首相がわたしの国へ {a 来ました　b 行きました}。

❹ あ、向こうから子どもが走って {a くるよ　b いくよ}。

❺ ちょっとここで待っていてください。入場券を買って {a きますから　b いきますから}。

❻ 会場へ先に行ってください。わたしは銀行に寄って {a きます　b いきます}から。

❼ 子：いってまいります。
　母：いってらっしゃい。あ、このはがき、学校へ行く途中でポストに入れて
　　{a きてね　b いってね}。

❽ 先生：あれ、タンさん、どこへ行っていたんですか。中川さんが探していましたよ。
　タン：バスの時刻表を見て {a きたんですよ　b いったんですよ}。

point 2 「～てくる・～ていく」의 용법

의미	예문	주의
어느 동작을 한 뒤의 이동	あした、朝の天気予報を見てきてください。 ここに荷物を置いていこう。 駅前の店でラーメンを食べてきました。 駅前の花屋で花を買っていきましょう。	
이동의 방향	隣に有名な音楽家が引っ越してきました。 あ、ねこが逃げていくよ。	이동을 나타내는 동사
	チンさんが遅れて教室に入ってきました。 松下さんは怒って、部屋を出ていきました。	동사(짝)의 이동 동사
정보 등의 도달	国から母がおかしを送ってきました。 いいにおいがしてきましたね。	「～ていく」의 형태는 변하지 않음
상태의 변화·계속	寒くなってきましたね。 これから、留学生は増えていくでしょう。	변화를 나타내는 동사
	わたしはずっと父の仕事を手伝ってきました。 これからもがんばっていきます。	계속을 나타내는 동사

문제 2

다음 중 알맞은 것을 고르세요.

① 田中さん、これ、国の母が{ a 送ったんです　b 送ってきたんです　c 送っていったんです }。食べてみてください。

② おふろに入ろうとしたら、山田さんが電話を{ a かけました　b かけてきました　c かけていきました }。

③ 川で遊んでいたら、上の方から小さいびんが{ a 流れました　b 流れてきました　c 流れていきました }。

④ むかし、この海はとてもきれいでした。父は子どものころよくここで{ a 泳いだ　b 泳いできた　c 泳いでいった }そうです。

⑤ 山の上でお弁当を食べていたら、後から子どもたちがおおぜい{ a 登りました　b 登ってきました　c 登っていきました }。

12課

타동사와 자동사 他動詞と自動詞の対

Test 1 다음 중 알맞은 것을 고르세요.

타동사	자동사
わたしは電気を(　　　　　)。	電気がつきました。
わたしはタクシーを(　　　　　)。	タクシーが止まりました。
わたしはドアを開けました。	ドアが(　　　　　　　)。
わたしは火を消しました。	火が(　　　　　　　)。
わたしは水道の水を出(　　　)。	水道の水が出(　　　　)。

Test 2 {　} 안의 타동사와 자동사를 적당한 형태로 바꿔 _____ 위에 쓰세요.

❶ { 乗せる　乗る }

　わたしは子どもを先にタクシーに＿＿＿＿＿て、それから自分が＿＿＿＿＿ます。そのほうが安全です。

❷ { 始める　始まる }

　授業はもう＿＿＿＿＿ましたよ。あの先生はいつも9時前に＿＿＿＿＿んですよ。

❸ { 切る　切れる }

　このキーを押すとパソコンの電源が＿＿＿＿＿ます。電源ボタンを押して＿＿＿＿＿ないでください。

❹ { 開ける　開く }

人がドアの前に立つと、ドアは自動的に＿＿＿＿＿＿ます。

手で＿＿＿＿＿＿ことはできません。

❺ { 出る　出す }

犬が外に＿＿＿＿＿＿たがっていますよ。ちょっとだけ外に

＿＿＿＿＿＿てやりましょう。

point 1　　　　　　　　　　　　　　타동사 문장과 자동사 문장

(1) 타동사 문장

林さん が／は タクシーを止めました。

말하고 싶은 것 = 하야시 씨가 변화를 가져온 것
→ タクシーを止めました

(2) 자동사 문장

タクシー が／は 止まりました。

말하고 싶은 것 = 택시의 움직임
→ 止まりました

문제 1　예와 같이 그림을 보고 타동사나 자동사를 _____ 위에 쓰세요.

| 예 | お皿を並べる | 子どもたちが並ぶ |

❶ 手を上げる　　　　　　　　　　エレベーターが_____

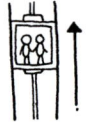

❷ 糸を_____　　　　　　　　弱い糸が切れる

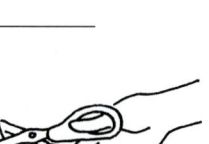

❸ ねこを家の中に入れる

虫が家の中に_____

❹ 火を_____

火が消える

❺ ドアを_____

ドアが閉まる

❻ 荷物を落とす

荷物が_____

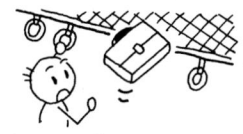

❼ 木を_____

木が倒れる

❽ 卵を_____

卵が割れる

문제 2 다음 중 알맞은 것을 고르세요.

① 目の中に { a ごみを入れた b ごみが入った } ようです。痛い、痛い。

② A：あ、熱があるんですか。少し顔が赤いですよ。

B：ええ、38度あります。ずっと { a 下げないんです b 下がらないんです }。

③ A：わたしは先月から油絵を習っているんですよ。

B：いいですね。わたしも何か { a 始めようと b 始まろうと } 思っています。

④ ごみは火曜日と金曜日の朝、{ a 出して b 出て } ください。

⑤ あした美容院に行って、{ a 髪の毛を切ります b 髪の毛が切れます }。

⑥ ちょっとうるさいですから、テレビは { a 消しましょう b 消えましょう }。

⑦ 公園の電気は、暗くなると自動的に { a つけます b つきます }。

⑧ この漢字、まちがいですよ。{ a 直して b 直って } ください。

⑨ さあ、がんばって走れ、走れ。あ、危ない、{ a 止めろ b 止まれ }！

⑩ 外から見られるといやですから、{ a カーテンを閉めます b カーテンが閉まります }。

⑪ チケットを買う人は、1列に { a 並べて b 並んで } ください。

⑫ 24時間で { a 地球を1回まわします b 地球が1回まわります }。

⑬ 本だなの上から { a 本を落としそうですよ b 本が落ちそうですよ }。

⑭ お客さまが来ますから、{ a ビールを冷やします b ビールが冷えます }。

⑮ 〔小学校の先生が子どもたちに〕

みなさん、あしたは運動会ですね。8時に校庭に { a 集めて b 集まって } ください。

point 2 「する」와「なる」

「する」와「なる」도 타동사와 자동사의 짝이 됩니다.

타동사 사람이 변화를 가져온다	～を～にする	わたしはこのケーキを半分にします。 わたしは部屋をきれいにします。
	～を～くする	わたしは部屋を明るくします。
자동사 변화한다	～になる	ケーキが半分になりました。 部屋がきれいになりました。
	～くなる	部屋が明るくなりました。

문제 3

다음 중 알맞은 것을 고르세요.

❶ お母さん、ぼく、辛いカレーが好きだよ。きょうのカレー {a 辛くしてね　b 辛くなってね}

❷ A：このかべの色、どうでしょうか。
　　B：そうですねえ。もっと明るい色に {a したらどうですか　b なったらどうですか}。

❸ もう秋ですねえ。{a 木の葉を赤くしましたね　b 木の葉が赤くなりましたね}。

❹ すみません。テレビの音、もっと小さく {a して　b なって} くださいませんか。

❺ 最後にお酒を少し入れると、この料理はもっとおいしく {a しますよ　b なりますよ}。

❻ わたし、髪を短く切って、流行の髪の形に {a して　b なって} みたいです。

❼ すみません。この1,000円、細かく {a して　b なって} もらえませんか。

❽ 暖かく {a したら　b なったら}、また、魚を釣りに行きたいです。

❾ このパソコン、高いですねえ。もっと安く {a して　b なって} くれませんか。

❿ どんなに洗っても、このシャツはきれいに {a しません　b なりません}。

point 3 「〜てある」와「〜ている」

〜てある → 어떤 목적을 갖고 의지적으로 행한 동작의 결과가 그대로 남아 있는 상태.
(타동사의 문장「〜てある」의 형태로 되는 경우가 많다.)

ねこがいつでも入れるように、ドアを開けました。

↓

見てください。ドアが開けてあります。

〜ている → 목적, 의지가 있있는지의 여부와 관계 없이 어떤 사건의 결과가 남아있는 상태(→10과)
(자동사의 문장이「〜ている」로 되는 경우가 많다.)

机の上から本が落ちました。 → あれ、本が落ちていますよ。

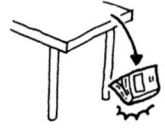 

{ } 안의 동사 중 알맞은 것을 사용하여, 「〜てあります」나「〜ています」의 문장을 만드세요.

❶ { 入れる　入る }

あれ、スープに虫が_____ますよ。

❷ { 開ける　開く }

A：寒いですね。窓を閉めましょう。

B：ちょっと待ってください。新しい空気を入れるために_____んです。

❸ { 落とす　落ちる }

　　こんなところにさいふが_____ます。だれのでしょうか。

❹ { 汚す　汚れる }

　　まあ、どうしたんですか。シャツが_____ますよ。

❺ { 壊す　壊れる }

　　あれ、このテレビは_____ますよ。音が出ません。

❻ { 止める　止まる }

　　〔玄関で〕

　　学生：こんにちは。先生、お迎えに来ました。家の前にわたしの車が
　　　　　_____ます。どうぞお乗りください。

❼ { 出す　出る }

　　空に星がたくさん_____ますね。きれいですね。

❽ { 並べる　並ぶ }

　　映画館の前に人がおおぜい_____ます。

❾ { 切る　切れる }

　　窓のそばの木はみんな_____んです。部屋に光が入るように……。

❿ { 集める　集まる }

　　もうすぐ入学式が始まります。学生たちはもうみんな_____ます。

⓫ { 消す　消える }

　　A：家の中が暗いですね。

　　B：ええ、電気代が高いので、使わない部屋の電気は_____んです。

⓬ { 開ける　開く }

　　〔電車の中で〕

　　あれ、かばんが_____ますよ。危ないですよ。

⓭ { 始める　始まる }

　　9時半ですよ。授業はもう_____ますよ。早く、早く。

⑭ ｛つける　つく｝

　　まだたばこに火が＿＿＿＿＿＿＿＿＿ますよ。それをごみ箱に捨てたら、
　　火事になりますよ。

⑮ ｛切る　切れる｝

　　A：けさの新聞でベトナム料理の作り方を読みました。作ってみたいなあ。

　　B：ああ、あのページはちゃんと＿＿＿＿＿＿＿＿＿ますよ。
　　　　ほら、これでしょう。

문제 5

다음 중 알맞은 것을 고르세요.

きょうはおいしいクッキーの作り方を紹介しましょう。
まず、ボールにさとうとバターを用意してください。
そして、よく❶｛a 混ぜます　b 混ざります｝。

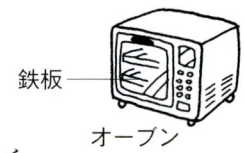
鉄板
オーブン

バターがだんだん❷｛a 溶かして　b 溶けて｝、やわらかく
❸｛a します　b なります｝。次に、ガスに❹｛a 火をつけて　b 火がついて｝、
オーブン❺｛a をあたためます　b があたたまります｝。
その間に、ボールの中に卵と小麦粉❻｛a を入れて　b が入って｝、全体を大きく
ゆっくりかきまぜます。
鉄板の上に、スプーンでこの材料を少しずつ❼｛a 落とします　b 落ちます｝。
材料が固すぎたらうまく❽｛a 落としません　b 落ちません｝から、気をつけてく
ださい。
オーブンの中が180度ぐらいに❾｛a したら　b なったら｝、この鉄板
❿｛a を入れます　b が入ります｝。
20分ぐらいで⓫｛a 焼きます　b 焼けます｝から、オーブンから⓬｛a 出して
b 出て｝ください。
紙の上に⓭｛a のせて　b のって｝、よく⓮｛a さまして　b さめて｝ください。
最後にきれいな皿の上に⓯｛a 並べます　b 並びます｝。

13課

가능 표현 可能表現

Test 1 다음 중 알맞은 것을 고르세요.

① わたしは日本語が少し {a 話せます b 話されます}。
② この部屋は何時まで {a 使える b 使う} ことができますか。
③ 〔面接試験で〕
　会社の人：田中さんは中国語が {a させられますか b できますか}。
④ わたしはカタカナのことばが {a 覚えれません b 覚えられません}。
⑤ 〔日本語の教室で〕
　A：この漢字が {a 読めますか b できますか}。　　南
　B：はい、「みなみ」です。

Test 2 다음 중 알맞은 것을 고르세요.

① 山田さん、あの本だなの上の箱をとってくださいよ。背が高いから、
{a とる b とれる} でしょう。
② この窓は壊れていて {a 開かないんです b 開けないんです}。
③ あれ、電気が {a つきません b つけません}。壊れたのでしょうか。
④ この荷物は大きすぎてこの袋には {a 入りません b 入れません}。
⑤ 大山さんが疲れたからすわりたいと言っています。でも、体が大きいので、この小さいいすには {a すわらないのです b すわれないのです}。

point 1-1　　　　　　　　　　　　　　　　　　　　가능 표현의 의미

(1) 기술적・신체적인 능력을 나타낼 경우

タンさんはギターが弾けます。
山田さんはとても速く走ることができます。

(2) 상황이나 규칙 등으로 인한 가능・불가능의 경우

山の上では夏でもスキーができます。
日本では、法律で二十歳にならないとお酒が飲めません。

point 1-2　　　　　　　　　　　　　　　　　　　　가능 표현의 형태

(1) 사전형 + ことができます　Nができます

タンさんは日本語を話すことができます。
タンさんは日本語ができます。
放送局は、午後2時から見学ができます。

▶「Nができます」의 N은, する동사의 명사 부분(구경, 연습 등)이나「외국어, 스포츠, 악기」등의 명사.

(2) 가능동사 → point 2

문제 1　「ことができます／できません」을 사용해서, 문장을 완성하세요.

> 예　A：リュウさんは一人で空港まで<u>行くことができます</u>か。
> 　　B：はい、もちろんできます。

❶ A：日本では、高校生がアルバイトを＿＿＿＿＿＿＿＿＿＿＿＿＿＿か。

　B：ええ、だいじょうぶですよ。

❷　学生：この図書館では、辞書を借_____か。
　図書館員：すみません。辞書と雑誌の貸し出しはしていません。
❸ 病院の前に車を止_____か。
❹ ソウルには1日しかいなかったので、あまり見物を_____。
❺ 外は大雨で、かさをささないで歩_____。

point 2　　　　　　　　　　　　　　　　　　　　가능 동사

(1) 가능 동사 만드는 법

동사1	会う → 会える　　あ い う え お
	書く → 書ける　　か き く け こ
	立つ → 立てる　　た ち つ て と
	飛ぶ → 飛べる　　ば び ぶ べ ぼ
동사2	食べる + られる → 食べられる
동사3	来る → 来られる
	する → できる

(2) 주의

① コンピューターを使う。→ コンピューターが使える。
　（「を」를「が」로 바꾸는 경우가 많다.

② 「사전형 + ことができます」와 가능 동사는 대부분 동일하게 사용할 수 있습니다. 단, 가능 동사쪽이 구어적입니다. 또한 다른 말이 붙어 동사 그 자체의 형태가 되지 않을 때에는 「〜ことができます」쪽이 자주 사용됩니다.

　わたしは中国語の文を読むことだけはできますが、話すことはほとんどできません。
　授業中、携帯電話を受けたりかけたりすることはできません。
　入場券を買わないで会場に入ることはできません。
　とても疲れていて、立ち上がることもできません。

문제 2 표 안에 가능 동사를 쓰세요.

書く		走る	
帰る		飲む	
置く		持つ	
話す		起きる	
遊ぶ		食べる	
読む		する	
泳ぐ		来る	

문제 3 ( ) 안의 동사를 가능 동사로 바꿔 _____위에 쓰세요.

> 예) めがねをかけると、小さい字でもよく<u>読めます</u>。（読む）
> この本は漢字が多いので、難しくて<u>読めません</u>。（読む）

① 1日にいくつ新しい漢字が_____か。（覚える）
② この荷物は重くて一人で_____。（運ぶ）
③ この子はまだ小さいので、一人でおふろに_____。（入る）
④ こんなにたくさん、一人では_____。（食べる）
⑤ スミスさんは英語もドイツ語も中国語も_____。（話す）
⑥ この川の水は_____。飲むと、おなかが痛くなります。（飲む）
⑦ この店にはジュースやお茶しかありません。お酒は_____。（注文する）
⑧ コンピューターの故障が直りました。Eメールが_____ようになりました。（送る）
⑨ 子どもが1歳半になりました。_____ようになりました。（歩く）
⑩ 毎日忙しくて、友だちといっしょに映画を見に_____。（行く）

point 3　　　　　　　　　　　　　　가능의 의미가 있는 동사

(1) 단어 자체에 가능의 의미가 있는 동사는 가능 동사를 사용할 필요가 없습니다.

　　テレビの音が大きくて、電話の声がよく**聞こえません**。

　　きょうは天気がいいから、星がよく**見えます**。

　　山田先生はゆっくり話してくださるので、よく**わかります**。

(2) 무생물이 주어인 문장에서는 가능 동사를 사용하지 않습니다.

　　×あ、水がよく流れられません。→あ、水がよく流れません。

　　×電池がないので、このおもちゃは動けません。

　　➡ 電池がないので、このおもちゃは動きません。

 （　）안의 동사를 알맞은 형태로 바꿔 _____ 위에 쓰세요.

> 예　このかばんは大きいから、たくさん**入ります**。（入る）

❶ けがをしてしまったので、来週のスポーツ大会には_____。（出る）
❷ 工事中なので、こちらの入り口からは_____。（入る）東口からお入りください。
❸ テストは難しくて、ぜんぜん_____。（わかる）
❹ きょうは長い時間歩いたので、疲れました。もう_____。（歩く）
❺ 〔新幹線の車内で〕晴れた日は、こちら側から富士山がよく_____。（見える）
❻ 〔海外ニュースで〕

　A：もしもし、こちらは東京です。バグダッドの山本さん、_____か。
　　　　　　　　　　　　　　　　　　　　　　　　　　（聞こえる）

　B：はい。バグダッドの山本です。

❼ A：この手紙、3、4日でアメリカに_____でしょうか。（着く）

　B：さあ、難しいでしょう。

❽ あれ、このパソコン、_____なってしまいました。（動く）壊れたのでしょうか。

사실 또는 기분이 담겨있는가 事実か、気持ちが入っているか

Test 1 다음 중 알맞은 것을 고르세요.

1. このボタンを押すと、{a 切符を出してください　b 切符が出ます}。
2. 暖かくなると、{a 桜が咲きます　b 桜を見に行きましょう}。
3. とても暑くて、{a 寝られません　b クーラーを入れてください}。
4. わたしがいっしょうけんめい料理を作ったのに、みんなは{a 食べません　b 食べないでください}。
5. パソコンの調子が悪くて{a メールができません　b 新しいのを買ってください}。

Test 2 다음 중 알맞은 것을 고르세요.

1. 桜が{a きれいだから　b きれいで}、散歩しませんか。
2. 先生：あしたは{a 雨でも　b 雨なのに}外で練習をしますよ。
3. 先生、上海に{a 来れば　b 来たら}、連絡してください。
4. この道は{a 危険だから　b 危険で}、通らないでください。
5. {a 忙しくても　b 忙しいのに}お礼の手紙はすぐ出しなさい。

point 1   사실을 진술한 문장인가, 이야기하는 사람의 기분이 담겨있는 문장인가

(1) 사실의 문장

この本の中に「さくら」という歌があります。
窓を開けると、海が見えます。
みんなで歌を歌いました。

(2) 말하는 사람의 의지·기분·희망이 담겨 있는 문장

〔カラオケで〕
じゃ、次にわたしが「さくら」を歌います。
じゃ、わたしが歌いましょう／歌おう。
わたしは「さくら」を歌うつもりです／歌おうと思っています。
じゃ、わたしが歌うことにします。
わたしも歌いたいです。

_____의 말에 말하는 사람의 의지나 기분이 담겨 있습니까? 있는 것에는 (   ) 안에 ○를 쓰세요.

> 예   (○) わたし、あしたは9時に<u>来ます</u>。

❶ (　) 今、<u>9時です</u>。
❷ (　) きょう、田中さんにこの本を<u>返すことにします</u>。
❸ (　) この犬の名前は<u>ボンです</u>。
❹ (　) わたしは新しいパソコンが<u>ほしいです</u>。
❺ (　) リンさんはきのう学校を<u>休みました</u>。
❻ (　) 田中さんは今、食堂でご飯を<u>食べています</u>。
❼ (　) 冬になると雪が<u>降ります</u>。
❽ (　) 田中さんはあした<u>来る</u>と思います。
❾ (　) A：おいしいケーキがあるんだけど、食べる？
　　　　B：うん、<u>食べる、食べる</u>。
❿ (　) まりちゃん、早く<u>来て</u>。

point 2   상대방에 대한 권유가 들어있는 문장

この歌を歌いなさい／歌え。
病院の中では、大きい声で歌ってはいけません／歌うな。
この歌を歌ってください。
いっしょに歌いましょう／歌おう／歌いませんか。
みんなでいっしょに歌ったらどうですか。
早く歌ったほうがいいですよ。

「상대방에 대한 권유가 들어있는 문장」에는 (   )안에 ○를 쓰세요.

> 예   (○) 今度の日曜日、サッカーを見に行きませんか。

❶ (   ) 母：7時ですよ。早く起きなさい。
❷ (   ) わたしは、けさ7時に起きました。
❸ (   ) わたしは来週タイのバンコクに行くことになりました。
❹ (   ) この部屋は暗くて本が読めません。
❺ (   ) 先輩：あしたはもっと早く来い。
❻ (   ) すみません。ここではたばこを吸わないでください。
❼ (   ) 右に曲がると、公園があります。
❽ (   ) 一郎：友子、結婚しよう。
❾ (   ) 今、兄は新聞を読んでいます。
❿ (   ) みんなで相談したらどうですか。

point 3　　　　　　　　　　　　　　　　　　**문법적인 규칙**

문장 끝에 「말하는 사람의 의지나 상대방에 대한 권유」가 사용할 수 없는 문장이 있습니다.

~て(이유)
~と、
~(동작 동사)ば、
~のに、
　　　　× 「말하는 사람의 의지나 권유가 들어있는 문장」

寒くて、窓を閉めてください。
暗くなると、電気をつけましょう。
京都へ行けば、おみやげを買ってきてください。
眠いのに、今晩は2時まで勉強しよう。

~から、
~たら、
~なら、
~ても、
　　　　○ 「말하는 사람의 의지나 권유가 들어있는 문장」

寒いから、窓を閉めてください。
暗くなったら、電気をつけましょう。
京都へ行くなら、おみやげを買ってきてください。
眠くても、今晩は2時まで勉強しよう。

문제 3　다음 중 알맞은 것을 고르세요.

❶ この薬を {a 飲んだら　b 飲めば} すぐ寝たほうがいいですよ。
❷ 今は会議中なので、4時に {a なったら　b なると} 来てください。
❸ 母：にんじんが {a きらいでも　b きらいなのに}、全部食べなさい。
❹ 赤ちゃんが {a 寝ていて　b 寝ていますから}、静かにしてください。
❺ {a 危ないですから　b 危なくて}、黄色い線の内側にお下がりください。
❻ 今度の同窓会には {a 忙しくても　b 忙しいのに} 出席しようと思っています。
❼ 日曜日なのに会社で {a 仕事をしています　b 仕事をしなさい}。
❽ これ、みんなが食べないのなら、{a わたしが食べますよ　b 残ってしまいました}。

15課 조건 등 条件など

Test 1 다음 중 알맞은 것을 고르세요.

① A: あした、大阪へ行ってきます。
　　B: じゃあ、田中さんに { a 会えば　b 会ったら }、「よろしく」と言ってください。

② A: イタリア語を習いたいんですが。
　　B: イタリア語を { a 習うなら　b 習えば }、イタリア文化会館がいいですよ。

③ A: 先生、ちょっと今いいですか。
　　B: 今、忙しいので、4時に { a なるなら　b なったら } 来てください。

④ 〔バスの中で〕
　　このボタンを { a 押すと　b 押すなら }、次の停留所で止まります。

⑤ わたしは中国人ですから、日本語の新聞は漢字を { a 読めば　b 読むなら }、意味がだいたいわかります。

Test 2 다음 중 알맞은 것을 고르세요.

① ドアの前に立つと、{ a ドアが開きます　b ドアを開けなさい }。
② 急げば、9時の電車に { a 乗れます　b 乗ります }。
③ ひまだと、{ a ビデオを見ていることが多いです　b ビデオを見ませんか }。
④ 安いと、{ a 買いましょう　b みんなが買うでしょう }。
⑤ A: 今度、田中先生の「日本語Ⅱ」の授業を受けることにしたんです。
　　B: そうですか。田中先生の授業に出るなら、{ a 予習したほうがいいですよ　b 難しくてわかりません }。

point 1 　　　　　　　　　　　　　　　　　　　　　　〜たら

(1) （もし）〜たら、…。「〜たら」로 가정조건을 나타냅니다.

　　もし、いい料理の本があっ**たら**、買ってきてください。
　　今度の日曜日、（もし）いい天気だっ**たら**、山へ行きましょう。
　　もし車がなかっ**たら**、不便です。

(2) 〜たら、…。「그렇게 된 다음에」라는 의미를 나타냅니다. 「〜」은 동사만.

　　二十歳(はたち)になっ**たら**、お酒(さけ)が飲めます。
　　授業(じゅぎょう)が終わっ**たら**、受付(うけつけ)に来てください。
　　夏休みになっ**たら**、国へ帰ります。
　　家に帰っ**たら**、手をよく洗いなさい。

(3) 「〜たら」의 형태

동사	話す	話したら	話さなかったら
イ형용사	大きい	大きかったら	大きくなかったら
ナ형용사	元気	元気だったら	元気で（じゃ）なかったら
명사	鳥	鳥だったら	鳥で（じゃ）なかったら

(4) 「〜たら」로 가정조건을 나타냅니다.

　　暖(あたた)かくなっ**たら**、花見に ┌ 行きます。
　　　　　　　　　　　　　　　　　　├ 行きましょう。
　　　　　　　　　　　　　　　　　　├ 連(つ)れて行ってください。
　　　　　　　　　　　　　　　　　　├ 行きなさい。
　　　　　　　　　　　　　　　　　　├ 行かなければなりません。
　　　　　　　　　　　　　　　　　　└ 行ったほうがいいです。

문제 1

알맞은 형태를 쓰세요.

行く	行ったら	行かなかったら	大きい	大きかったら	大きくなかったら
ある			いい		
食べる			静か		
来る			親切		
する			子ども		

문제 2

( ) 안의 말을 「〜たら」의 형태로 바꿔 _____ 위에 쓰세요.

❶ A：来週、北京に行きますが、おみやげは何がいいですか。

B：そうですね。もし、ねこのおもちゃが_____、買ってきてください。　　　　　　　　　　　　　　　　　　　　（ある）

❷ 田中さん、きょうは元気がありませんね。もし、気分が_____、帰ってもいいんですよ。　　　　　　　　　　　　　　　（悪い）

❸ これはなっとうという食べ物ですが、もし、_____、食べないで残してください。　　　　　　　　　　　　　　　（きらい）

❹ もし_____、「ちあき」という名前をつけましょう。（女の子）

❺ 国へ_____、だれにいちばん会いたいですか。（帰る）

❻ 兄は夕方に_____、帰ってきます。（なる）

❼ 荷物が8日までに_____、郵便局に聞いてみてください。
　　　　　　　（着かない）

❽ もし、あなたが_____、どんなことをしますか。（先生）

❾ 足が_____、あの山に登ることができないでしょう。
　　　　　　（強くない）

❿ あしたは休みですね。_____、どこかへ行きませんか。
　　　　　　　　　　　（雨じゃない）

point 2 　　　　　　　　　　　　　　　　　　～ば・～なら

(1) ～ば、…。／～なら（ば）、…。「～ば、～なら（ば）」로 가정조건을 나타냅니다.

　　めがねをかけれ**ば**、見えます。めがねをかけなけれ**ば**、見えません。
　　もし、安けれ**ば**、買います。もし、安くなけれ**ば**、買いません。
　　もし、いい天気**なら**、テニスをします。もし、雨**なら**、うちにいます。

(2) 동사와 イ형용사는「ば」, ナ형용사와 명사는「ならば」에서「ば」를 생략한「なら」를 사용합니다.

(3)「ば」의 형태

동사1	話す ➡ 話せば　　　　　　話さない＋ければ ➡ 話さなければ
	ある ➡ あれば　　　　　　ない＋ければ ➡ なければ
동사2	食べる＋れば ➡ 食べれば　　食べない＋ければ ➡ 食べなければ
동사3	する＋れば ➡ すれば　　　　しない＋ければ ➡ しなければ
	来る＋れば ➡ 来れば　　　　来ない＋ければ ➡ 来なければ
イ형용사	大きい ➡ 大きければ　　　　大きくない＋ければ ➡ 大きくなければ
	예외：いい ➡ よければ　　　よくない＋ければ ➡ よくなければ

(4)「なら」의 형태

| ナ형용사 | 元気 ➡ 元気なら　　　　元気で（じゃ）ない ➡ 元気で（じゃ）なければ |
| 명사 | 鳥 ➡ 鳥なら　　　　　　鳥で（じゃ）ない ➡ 鳥で（じゃ）なければ |

(5)「～ば、…。」의「～」가 동작 동사일 때,「…」에서 말하는 사람의 의지·의뢰·명령·허가 등의 문장은 사용할 수는 없습니다.

　　かぜをひけ**ば**、この薬を ┌ 飲みなさい。
　　　　　　　　　　　　　　　│ 飲んでください。
　　　　　　　　　　　　　　　│ 飲もう。
　　　　　　　　　　　　　　　│ 飲んでみます。　　✕
　　　　　　　　　　　　　　　│ 飲みませんか。
　　　　　　　　　　　　　　　│ 飲んでもいいです。
　　　　　　　　　　　　　　　└ 飲まなければなりません。

상태를 나타내는 말「ある、いる、要る、가능동사, 형용사」등은 예외입니다.
　　○高くなければ、買いたいです。

문제 3 알맞은 형태를 쓰세요.

書く		書かなければ
飲む		
旅行する		
安い	安ければ	
広い		
きれい		きれいで(じゃ)なければ
病気	病気なら	

문제 4 ( ) 안의 말을 「〜ば、〜なければ」「〜なら、〜でなければ」의 형태로 바꿔 _____위에 쓰세요.

① この文は難しくないですから、ゆっくり_____わかります。（読む）

② 祖母はめがねを_____、小さい字が読めません。（かけない）

③ もし、飛行機代がもっと_____、１年に何回も国へ帰りたいです。（安い）

④ もし、そのプリンターがあまり_____、買いたいです。（高くない）

⑤ 林さん、あした、もし_____展覧会を見にいきませんか。（ひま）

⑥ A：このシャツ、青いのもありますか。
　　B：すみません。今、ないんです。黄色い_____ありますが……。（シャツ）

⑦ この学校には男の子は入れません。_____入学できません。（女の子でない）

⑧ 日本語が_____、日本の生活で困ることはないでしょう。（できる）

⑨ このかぜが_____、水泳大会に出られません。（治らない）

⑩ もしその道具の使い方が_____、子どもでも使えます。（簡単）

point 3   〜と

(1) 〜と、…。 「〜と、…。」의 형태로 「〜」가 성립했을 경우, 필연적으로 「…」이 성립하는 것을 나타냅니다. 자연스러운 일, 기계의 사용 방법, 길의 순서 등을 묻는 방법 등에서 흔히 사용됩니다.

この地方では冬になると、雪が降ります。
〔テープレコーダーの使い方の説明〕
このボタンをまわすと、音が大きくなります。
このボタンを押すと、テープが止まります。
右に曲がると、本屋があります。
天気がいいと、ここから富士山が見えます。

(2) 「と」의 형태　보통형의 현재형(동사・イ형용사・ナ형용사・명사) + と

(3) 「〜と、…。」의 「…」에 말하는 사람의 의지・의뢰・명령・허가 등의 문장을 사용할 수 없습니다.

暖かくなると、花見に ┃ 行きましょう。　行きませんか。
　　　　　　　　　　 ┃ 行こう。　　　　行ってもいいです　　 ✕
　　　　　　　　　　 ┃ 行ってください。行かなければなりません。
　　　　　　　　　　 ┃ 行きなさい。

暖かくなると、いつもみんなで花見に行きます。(습관)
暖かくなると、花が咲きます。(자연 현상)
暖かくなったら、花見に行きましょう。　　　〇

문제 5

( ) 안의 말을 「〜と」의 형태로 바꿔 _____ 위에 쓰세요.

> 예) 辞書を<u>引かないと</u>、意味がよくわかりません。（引かない）

1. わたしはお酒を_____、眠くなります。（飲む）
2. 旅行かばんは_____、売れません。（重い）
3. このテープレコーダーはこのボタンを_____、声が聞こえません。（押さない）
4. _____、東京から沖縄まで何時間かかりますか。（船）
5. 部屋が_____、よく寝られます。（静か）
6. この道は暗いです。夜_____、危ないです。（一人）
7. 医者：よく_____、元気になりませんよ。（休まない）
8. 橋を_____、右側に公園があります。（渡る）
9. 町が_____、気持ちがいいです。（きれい）
10. _____、たくさん食べられます。（おいしい）

문제 6

다음 중 알맞은 것을 고르세요.

1. このボタンを押すと、{ a おつりが出ます　b おつりを出してください }。
2. 夏になると、{ a 長い休みがあります　b 国へ帰るつもりです }。
3. 練習しないと、{ a 上手になりません　b 上手にしません }。
4. うちの子はおいしくないと、{ a 食べなくてもいいです　b 食べません }。
5. 学生だと、{ a 30％安くなります　b 70％払いなさい }。
6. のどがかわくと、{ a 冷たいものが飲みたくなります　b 冷たいものを飲みましょう }。
7. 暗いと、{ a よく見ていなさい　b 何も見えません }。
8. うるさいと、{ a よく聞きましょう　b よく聞こえません }。

point 4　　　　　　　　　　　　　　　　　　　　～なら

(1) ～なら、…。「～なら」에서 말하는 상대방이 말한 것, 모습, 상황을 받아서 「…」로 말하는 사람의 어드바이스, 의지, 기분, 의견, 의뢰 등을 말합니다.

　　A：コンピューターを買いたいんですが、どこがいいですか。
　　　　　↓
　　B：コンピューターを買う なら、新宿駅前の店がいいですよ。

　　A：タンさんはいませんか。
　　　　　↓
　　B：タンさん なら、今、食事に出かけましたよ。

(2) 「なら」의 의미를 강조할 경우에는 「の・ん」을 넣을 경우가 있습니다.

　　息子：中国に留学したいんだけど、いいでしょうか。
　　　　　↓
　　両親：あなたが行きたいと思う のなら、わたしたちも賛成しますよ。

(3) 「～なら」의 형태

　　보통형＋なら　예외：ナ형용사(な̶)・명사(だ̶)

문제 7　예와 같이 「なら」를 사용해서 _____ 위에 쓰세요.

> 예　A：来月、北京に行きます。
> 　　B：北京に行くなら、おみやげを買ってきてください。

❶ A：あの、熱があるみたいなんです。

　　B：_____、早く帰って寝たほうがいいですよ。

❷ A：ちょっと、スーパーに行ってきます。

　　B：そう、_____、パンを買ってきて。

❸ A：このセーターいいでしょう。デパートで2,000円で売っていましたよ。

　　B：ほんと！_____、わたしも買いたいです。

④ A：すみません。電話をお借りしたいんですが……。

B：＿＿＿＿＿＿＿＿＿＿＿＿＿＿、あちらのドアの前にありますよ。

⑤ A：お昼はラーメンが食べたいですね。

B：＿＿＿＿＿＿＿＿＿＿＿＿＿＿、駅前のスリーエーが安くて、おいしいですよ。

다음 중 알맞은 것을 고르세요.

① 今2時半ですね。3時に｛a なるなら　b なったら｝、休みましょう。
② 子どもの時から日本のまんがが好きだったので、｛a 留学するなら　b 留学すれば｝、日本へ行きたいと思っていました。
③ 自分の声を録音して、｛a 聞いてみると　b 聞いてみるなら｝、ほかの人の声のように聞こえるのでびっくりします。
④ わたしはここで待っていますから、会議が｛a 終わると　b 終わったら｝、携帯に電話してください。
⑤ あなたが日本に｛a 来たら　b 来ると｝、必ず会いましょう。
⑥ きょうは5時まで教員室にいます。もし何か質問が｛a あれば　b あると｝、来てください。
⑦ 先生の注意をよく｛a 聞かないと　b 聞かないなら｝、わかりません。

주고 받음 누가 누구에게? 授受 だれがだれに？

Test 1 다음 중 알맞은 것을 고르세요.

❶ わたしはみちこさんの結婚祝いに花びんを＿＿＿＿＿＿＿＿。
　｛a あげました　b くれました　c もらいました｝

❷ まり子さんはわたしの誕生日に花を＿＿＿＿＿＿＿＿。
　｛a あげました　b くれました　c もらいました｝

❸ わたしは森田先生からお手紙を＿＿＿＿＿＿＿＿。
　｛a さしあげました　b くださいました　c いただきました｝

❹ バレンタインデーにぼくはゆりさんからチョコレートを
　＿＿＿＿＿＿＿＿。
　｛a あげました　b くれました　c もらいました｝

❺ このパンフレット、＿＿＿＿＿＿＿＿いいですか。ちょっと読みたいんです。　｛a あげても　b くれても　c もらっても｝

Test 2 다음 중 알맞은 것을 고르세요.

❶ 中山さんは春子さんを車で送って＿＿＿＿＿＿＿＿。
　｛a あげました　b くれました　c もらいました｝

❷ 子どものころわたしは母にかわいい服を作って＿＿＿＿＿＿＿＿。
　｛a あげました　b くれました　c もらいました｝

❸ 仕事が多くて困っていたら、リーさんが手伝って＿＿＿＿＿＿＿＿。
　｛a あげました　b くれました　c もらいました｝

❹ わたしはスピーチの作文を山中先生に直して_____。

　{ a さしあげました　b くださいました　c いただきました }

❺ 大川さんの町は桜がきれいだそうです。わたしを花見に誘って_____、あさって行こうと思います。

　{ a あげたので　b くれたので　c もらったので }

point 1　　　　　　　　　　　　　　　　　사물의 주고 받음

A　[주는 사람] 은/가　[사물을 받는 사람] 에　[　　] をくれます・くださいます
　　　×わたし　　　　わたし　わたしの家族など
　山中さんはわたしに花をくれました。

山中さん　わたし

B　[사물을 받는 사람] 은/가　[주는 사람] 에/から　[　　] をもらいます・いただきます
　　　　　　　　　　　　　　　×わたし
　わたしはじろうさんにプレゼントをもらいました。

わたし　じろうさん

C　[주는 사람] 은/가　[사물을 받는 사람] 에　[　　] をあげます・さしあげます・やります
　　　×わたし
　田中さんは中山さんにプレゼントをあげました。

▶「やります」는 동물이나 식물, 아이 등에 대하여 사용합니다.

田中さん　中山さん

문제 1 그림을 보고 예와 같이 문장을 만드세요.

[예] ヤンさんはわたしにCDをくれました。

① わたしはアンさんに＿＿＿＿＿＿＿＿＿＿＿＿＿＿＿。
② たかしさんはアンさんに＿＿＿＿＿＿＿＿＿＿＿＿＿。
③ わたしはケンさんに＿＿＿＿＿＿＿＿＿＿＿＿＿＿＿。
④ 田中先生はわたしに＿＿＿＿＿＿＿＿＿＿＿＿＿＿＿。
⑤ わたしは山中先生に＿＿＿＿＿＿＿＿＿＿＿＿＿＿＿。
⑥ 大山さんはわたしに＿＿＿＿＿＿＿＿＿＿＿＿＿＿＿。
⑦ わたしはみちこさんから＿＿＿＿＿＿＿＿＿＿＿＿＿。

point 2　　　　　　　　　　　　　　　　　행위의 주고 받음

(1) 행위의 주고 받음의 문장

A　|행하는 사람| 는/가　|행위를 받는 사람| ｛を / に ☐ を / の ☐ (소유물)を｝　～てくれます / ～てくださいます
　　×わたし　　　わたし
　　　　　　　　わたしの家族など

山中さんはわたしを１時間も待ってくれました。
中山さんはわたしにかさを貸してくれました。
町田さんはわたしのかばんを運んでくれました。

▶ 다른 사람의 행위를 받고 감사의 기분을 가질 때 사용합니다.

中山さん　わたし

B　|행위를 받는 사람| 는/가　|행하는 사람| に（☐ を）　～てもらいます / ～いただきます
　　　　　　　　　　　　×わたし

わたしは友だちに助けてもらいました。
クラスのリーさんは事務室の人に書類を書いてもらいました。

▶ 다른 사람에게 행위를 부탁하여 그 행위에 감사의 기분을 가질 때 사용합니다.

わたし

C　|행하는 사람| 는/가　|행위를 받는 사람| ｛を / に ☐ を / の ☐ (소유물)を｝　～てあげます / ～てさしあげます / ～てやります
　　　　　　　　　　　　×わたし

チンさんはマリアさんに漢字を教えてあげました。
わたしは犬におもちゃを買ってやりました。
田中さんはアンさんの作文を直してあげました。

▶ 다른 사람을 위해서 호의적인 행위를 할 때에 사용합니다
「わたし」가 주어일 때에는 호의를 강요하는 것같은 느낌을 주므로 지나치게 많이 사용하지 않도록 합시다

チン　マリア

(2) 조사에 주의합시다

A 「～てあげる ～てくれる」의 문장

①(人)を	②(人)に □を	③(人)の □(소유물)を	④(人)のために
連れていく	貸す	持つ	①②③이외의 동사
助ける	見せる	運ぶ	電気をつける
誘う	教える	洗う	窓を開ける
呼ぶ	知らせる	直す	調べる
送る	買う	そうじする	
待つ	作る		등
등	書く	등	
	등		

B 「～てもらう」의 문장은 항상 「(人)に～てもらう」의 형태가 됩니다.

문제 2

예와 같이 □로 시작하는 문장을 만드세요. (→→→은 호의의 방향을 나타냅니다.)

> 예 あきこさん →→→ リーさん
> 音楽会に誘う
> あきこさんは<u>リーさんを音楽会に誘ってあげました</u>。

❶ タンさん →→→ わたし
薬を買いに行く
タンさんは_____。

❷ 先生 →→→ わたし
作文を直す
先生は_____。

❸ 山田さん →→→ わたし
パーティーに招待する
山中さんは_____。

④ タンさん→→→ わたしの弟
宿題を手伝う

わたしの弟は＿＿＿＿＿＿＿＿＿＿＿＿＿＿＿＿＿＿＿＿＿＿＿＿＿＿＿＿。

⑤ 田中さん →→→ ミラーさん
いい本を紹介する

田中さんは＿＿＿＿＿＿＿＿＿＿＿＿＿＿＿＿＿＿＿＿＿＿＿＿＿＿＿＿。

⑥ 友だち→→→ わたし
お金を貸す

わたしは＿＿＿＿＿＿＿＿＿＿＿＿＿＿＿＿＿＿＿＿＿＿＿＿＿＿＿＿＿。

⑦ 母 →→→ わたし
ゆびわを買う

母は＿＿＿＿＿＿＿＿＿＿＿＿＿＿＿＿＿＿＿＿＿＿＿＿＿＿＿＿＿＿＿。

⑧ わたし →→→ マナさん
部屋をそうじする

わたしは＿＿＿＿＿＿＿＿＿＿＿＿＿＿＿＿＿＿＿＿＿＿＿＿＿＿＿＿＿。

⑨ 山中先生→→→ わたし
日本語を教える

わたしは＿＿＿＿＿＿＿＿＿＿＿＿＿＿＿＿＿＿＿＿＿＿＿＿＿＿＿＿＿。

⑩ 先生 →→→ 子どもたち
本を読む

先生は＿＿＿＿＿＿＿＿＿＿＿＿＿＿＿＿＿＿＿＿＿＿＿＿＿＿＿＿＿＿。

문제 3 다음 중 알맞은 것을 고르세요.

① ｛a わたしは　b まりこさんは｝妹に本をくれました。
② これ、｛a だれに　b わたしに｝あげるんですか。
③ わたしは毎日２回｛a 犬に　b 隣のおばあさんに｝ご飯をやっています。
④ 山川さんは｛a わたしの妹に　b 奥さんに｝ゆびわを買ってあげたらしいです。
⑤ 川田先生はよく｛a みなさんに　b わたしたちに｝本を貸してくださいました。
⑥ うちの子は｛a おばさんに　b わたしに｝おもちゃを買ってもらいました。
⑦ あしたテストがあることをだれも｛a みなさんに　b わたしに｝教えてくれませんでした。

문제 4 「あげる」「もらう」「くれる」를 알맞은 형태로 바꿔 ＿＿＿＿ 위에 쓰세요.

① A：いいセーターですね。だれに＿＿＿＿＿＿んですか。
　 B：姉が作って＿＿＿＿＿＿んです。
② わたしは消しゴムがなかったので、友だちに貸して＿＿＿＿＿＿。
③ わたしはきのう弟のおもちゃを直して＿＿＿＿＿＿。
④ わたしが入院したとき、友だちが見舞いに来て＿＿＿＿＿＿。
⑤ ゆうべ、リンさんがわたしとタイさんに夕飯をごちそうして＿＿＿＿＿＿。
⑥ わたしは子どものころ、母に本を読んで＿＿＿＿＿＿のが好きでした。
　 それで、今、わたしは小さい子どもに本を読んで＿＿＿＿＿＿のが好きなのです。
⑦ いつかヤンさんが歌って＿＿＿＿＿＿歌はとてもいい歌でした。今度カラオケに行ったら、また歌って＿＿＿＿＿＿と思います。
⑧ 先生がていねいに説明して＿＿＿＿＿＿ので、わたしたちはよくわかりました。
⑨ 日曜日に、父にプールに連れていって＿＿＿＿＿＿つもりです。
⑩ 川中：大山さんはお子さんに毎日お弁当を作って＿＿＿＿＿＿んですか。
　 大山：いいえ、毎日ではありません。１週間に２回だけですよ。
⑪ 姉は毎朝６時にボーイフレンドを電話で起こして＿＿＿＿＿＿ています。
⑫ タイに行ったら、旅行会社の人にバンコク市内を案内して＿＿＿＿＿＿ましょう。

17課

사역 使役

Test 1 ( ) 안의 동사를 사역형으로 바꿔 _____ 위에 쓰세요.

① ヤンさんは作文がきらいです。でも先生はヤンさんによく作文を_____ます。（書く）

② お母さんは子どもにシャツを_____ました。（洗う）

③ きびしい練習ばかりさせないで、選手たちを自由に_____たほうがいいですよ。　（泳ぐ）

④ みちこさんはおいしいケーキを作ってみんなを_____ました。（喜ぶ）

⑤ みなさま、お_____いたしました。それでは、ただいまから会を始めます。　（待つ）

Test 2 다음 중 알맞은 것을 고르세요.

① たろう、このかばん、自分で｛a 持ちなさい　b 持たせなさい｝。

② A：ぼく、あした会社をやめるんです。
　 B：え、それ、うそでしょう。｛a おどろかないで　b おどろかせないで｝くださいよ。

③ A：その後、お体はいかがですか。
　 B：ありがとう。よくなりました。あなたにも｛a 心配させてしまって　b 心配してしまって｝ごめんなさい。

❹ 子どもには自分のことは自分で｛a やらせた　b やってもらった｝ほうがいいですよ。

❺ 荷物が多くて困っていたら、田中君が半分｛a 持たせました　b 持ってくれました｝。

point 1-1　　　　　　　　　　　　　　　　　　　　사역문

(1) 강제

わたしは犬を走らせました。

お母さんは子どもに荷物を持たせました。

(2) 허가・상냥함

先生は子どもたちを遊ばせました。

お母さんは子どもたちに好きなテレビゲームをやらせています。

(3) 유발

よしおさんはおもしろいことをして子どもたちを笑わせました。

よしおさん

▶ 자동사의 문장 ➡ 人 を 　　　 V（さ）せました
　 타동사의 문장 ➡ 人 に 　□ を V（さ）せました。
　 단, 「を」가 겹칠 경우에는 자동사에서도 「に」를 사용한다.

예　子どもをに横断歩道を渡らせました。

point 1-2　　　　　　　　　　　　　　　　　동사의 사역형

동사의 종류	사역형
동사1	行かない+せる ➡ 行かせる
동사2	見ない+させる ➡ 見させる 食べない+させる ➡ 食べさせる
동사3	する ➡ させる 来る ➡ 来させる

▶ 사역형은 동사2와 같은 활용을 합니다.

문제 1

사역형을 쓰세요.

사전형	사역형	사전형	사역형
待つ	**待たせる**	読む	
笑う		走る	
書く		調べる	
出す		いる	
立つ		持ってくる	
遊ぶ		散歩する	

문제 2

(　) 안에 「を」나 「に」를 넣으세요.

① 母は弟（　　）病院へ行かせました。

② トム君はいつもみんな（　　）びっくりさせますね。

③ 小さい子ども（　　）は、安全な道を通らせたほうがいいですよ。

④ 先生は学生（　　）辞書を持ってこさせました。

⑤ わたしは犬（　　）公園の中を走らせました。

⑥ 母はいつもわたしたち（　　）自由に本を選ばせてくれました。

⑦ わたしはうそを言って父（　　）怒らせてしまいました。

⑧ その仕事、わたし（　　）やらせてください。

문제 3 예와 같이 사역문을 만드세요.

> 예 警察官「名前を言いなさい」 ➡ 男は名前を言いました。
> ➡ 警察官は**男に**名前を**言わせました**。

① 先生「いすにすわりなさい。」 ➡ 子どもたちはいすにすわりました。
　先生は＿＿＿＿＿＿＿＿＿＿＿＿＿＿＿＿＿＿＿＿＿＿＿＿＿＿＿。

② 店長「8時前に店へ来なさい。」 ➡ 店員は8時前に店へ来ます。
　店長は＿＿＿＿＿＿＿＿＿＿＿＿＿＿＿＿＿＿＿＿＿＿＿＿＿＿＿。

③ お母さん「右側を歩きなさい。」 ➡ 子どもは右側を歩きます。
　お母さんは＿＿＿＿＿＿＿＿＿＿＿＿＿＿＿＿＿＿＿＿＿＿＿＿。

④ 社長「インターネットで調べなさい。」 ➡ 社員はインターネットで調べました。
　社長は＿＿＿＿＿＿＿＿＿＿＿＿＿＿＿＿＿＿＿＿＿＿＿＿＿＿＿。

⑤ 先生「何回も練習をしなさい。」 ➡ ワットさんは何回も練習をします。
　先生は＿＿＿＿＿＿＿＿＿＿＿＿＿＿＿＿＿＿＿＿＿＿＿＿＿＿＿。

⑥ お父さん「好きな本を選んでもいいよ。」 ➡ 子どもは好きな本を選びました。
　お父さんは＿＿＿＿＿＿＿＿＿＿＿＿＿＿＿＿＿＿＿＿＿＿＿＿。

⑦ 店長「きょうは3時に帰ってもいいよ。」 ➡ わたしは3時に帰りました。
　店長は＿＿＿＿＿＿＿＿＿＿＿＿＿＿＿＿＿＿＿＿＿てくれました。

⑧ わたし「おもちゃで遊んでもいいよ。」 ➡ 犬はおもちゃで遊びました。
　わたしは＿＿＿＿＿＿＿＿＿＿＿＿＿＿＿＿＿＿＿＿＿＿＿＿＿。

⑨ 山下さんは大声を出しました。みんなはおどろきました。
　山下さんは大声を出して、＿＿＿＿＿＿＿＿＿＿＿＿＿＿＿＿＿。

⑩ みちこは「別れましょう。」と言いました。たろうは泣きました。
　みちこは「別れましょう。」と言って、＿＿＿＿＿＿＿＿＿＿＿＿。

다음 중 알맞은 것을 고르세요.

トムは頭がよくて、いつも元気な少年です。よくけんかもします。きょうも弟とけんかをして弟を ❶ { a 泣いて b 泣かせて } しまいました。弟が大声で ❷ { a 泣くので b 泣かせるので } トムは弟の頭をたたきました。お母さんは ❸ { a 怒って b 怒らせて }、トムに庭の草とりをするように言いました。庭は広いし、草とりの仕事はつまらないです。

「あ～あ、きょうはいい天気だなあ。みんなと ❹ { a 遊びたいなあ b 遊ばせたいなあ }。」でも、お母さんが家の中からトムを見ていて、みんなと ❺ { a 遊びません b 遊ばせません }。

そこへベンが来ました。

「やあ、トム、どうして草とりの仕事を ❻ { a しているの b させているの }。」

その時、トムはいいことを考えました。そして、言いました。

「仕事？これは仕事じゃないよ。とっても楽しいよ。」トムは顔も上げないで、いっしょうけんめい草をとりました。

「楽しい？じゃ、ちょっとぼくにも ❼ { a やってよ b やらせてよ }。」

「だめだ、だめだ。この仕事は君には ❽ { a やらせないよ b やってあげないよ }。」

「ちょっとだけ ❾ { a やってみたいなあ b やらせてみたいなあ }。いいでしょう。」

「じゃ、ちょっとだけだよ。」

そこへビリーが来ました。

「あれ、トム、草とりはいちばんいやな仕事だって前に言っていたのに、きょうは楽しそうだね。」

「うん、ほんとうに楽しいよ。これは仕事じゃないよ。おもしろい遊びだよ。」

「じゃ、ぼくにも少し ❿ { a 手伝ってよ b 手伝わせてよ }。」

「そうだな、ちょっとだけなら、草を ⓫ { a とって b とらせて } あげるよ。」

ビリーは喜んで草を ⓬ { a とりました b とらせました }。そこへ、サムやトニーやケンやジローも来ました。

みんなで草とりをしたので半日で庭がきれいになって、お母さんは ⓭ { a びっくりしました b びっくりさせました }。

수동 및 사역 수동 受身・使役受身

Test 1 ( ) 안의 동사를 수동형으로 바꿔 _____ 위에 쓰세요.

① 会社を出るとき、わたしは課長に_____ました。（呼ぶ）
② 女の人に図書館までの道を_____ました。（聞く）
③ 急に背中を_____て、びっくりしました。（押す）
④ 家へ帰る途中で雨に_____て、ぬれてしまいました。（降る）
⑤ オリンピックは4年に1度_____ます。（開く）

Test 2 ( )안의 동사를 사역 수동형으로 바꿔 _____ 위에 쓰세요.

① きのうわたしは友だちに1時間も_____ました。（待つ）
② わたしは兄に重い荷物を_____ました。（持つ）
③ あの子にはいつも心配_____ます。（する）
④ 休みの日にも会社に_____て、疲れてしまいました。（来る）
⑤ 子どものとき、きらいな食べ物を_____たことがありますか。（食べる）

point 1　　　　　　　　　　　　　　　　　　　　　　　　수동형

A 수동문

先生はわたしをしかりました。

わたしは先生に しかられました。

B 동사의 수동형

동사의 종류	수동형
동사1	押さ<s>ない</s>＋れる ➡ 押される
동사2	見<s>ない</s>＋られる ➡ 見られる 開け<s>ない</s>＋られる ➡ 開けられる
동사3	する ➡ される 来る ➡ 来られる

▶ 수동형은 동사2와 같은 활용을 합니다.

문제 1 수동형을 쓰세요.

사전형	수동형	사전형	수동형
言う	言われる	踏む	
行く		切る	
起こす		考える	
立つ		見る	
死ぬ		持っていく	
呼ぶ		相談する	

point 2　　　　　　　　　　　　　　　　　　　　수동문 만드는 법

(1) 기본적인 수동문에서, 화자인 「わたし(나)」의 입장을 중심으로 한 말투

　　母はわたしを起こしました。
　　→ わたしは母 に 起こされ ました。

　　先生はわたしにいろいろなことを聞きました。
　　→ わたしは先生 に いろいろなことを 聞かれ ました。

(2) 신체의 일부, 소유물, 관계가 있는 것이 다른 사람(것)의 행위를 받았을 때의 수동문

　　犬はわたしの手をかみました。
　　→ わたしは犬 に 手を かまれ ました。
　　×わたしの手は犬に かまれ ました。

(3) 피해를 입거나 번거롭다고 느꼈을 때의 수동문

　　どろぼうが入って、わたしは困りました。
　　→ どろぼう に 入られ て、わたしは困りました。

隣の人が7階建てのマンションを建てたので、わたしの家は暗くなりました。
　　→ 隣の人 に 7階建てのマンションを 建てられ て、わたしの家は暗くなりました。

(4) 행위를 하는 사람이 특정한 사람이 아닐 때, 또는 사회적 사실 등을 말할 때의 수동문

　　（人が）300年前にこの寺を建てました。
　　→ この寺は300年前に 建てられ ました。

예와 같이 수동문으로 바꾸세요.

> 예 母はわたしを5時に起こしました。
> → わたしは母に5時に起されました。

❶ 祖母がわたしを育てました。
　→ わたしは＿＿＿＿＿＿＿＿＿＿＿＿＿＿＿＿＿＿＿＿＿＿＿＿＿＿＿＿。

❷ 山中さんがわたしをパーティーに誘いました。
　→ わたしは＿＿＿＿＿＿＿＿＿＿＿＿＿＿＿＿＿＿＿＿＿＿＿＿＿＿＿＿。

❸ 知らない人がわたしに声をかけました。
　→ わたしは＿＿＿＿＿＿＿＿＿＿＿＿＿＿＿＿＿＿＿＿＿＿＿＿＿＿＿＿。

❹ 犬がわたしのくつを持っていきました。
　→ わたしは＿＿＿＿＿＿＿＿＿＿＿＿＿＿＿＿＿＿＿＿＿＿＿＿＿＿＿＿。

❺ 電車の中で、隣の人がわたしの足を踏みました。
　→ わたしは電車の中で＿＿＿＿＿＿＿＿＿＿＿＿＿＿＿＿＿＿＿＿＿＿。

❻ 先生はわたしの作文をほめました。
　→ わたしは＿＿＿＿＿＿＿＿＿＿＿＿＿＿＿＿＿＿＿＿＿＿＿＿＿＿＿＿。

❼ だれかがわたしの家の前に大きいバイクを止めました。わたしは困りました。
　→ わたしの家の前に＿＿＿＿＿＿＿＿＿＿＿＿＿＿＿＿て、困りました。

❽ みんながさわぎました。どろぼうは逃げました。
　→ ＿＿＿＿＿＿＿＿＿＿＿＿＿＿＿＿＿＿＿て、どろぼうは逃げました。

❾ 展覧会をどこで開きますか。
　→ 展覧会は＿＿＿＿＿＿＿＿＿＿＿＿＿＿＿＿＿＿＿＿＿＿＿＿＿＿＿＿。

❿ ぶどうからワインを作ります。
　→ ワインは＿＿＿＿＿＿＿＿＿＿＿＿＿＿＿＿＿＿＿＿＿＿＿＿＿＿＿＿。

point 3 「수동문」과 「~てもらう」 문장

	예문	화자의 기분
수동	わたしは弟に大切な本を捨てられました。	불쾌
	わたしはだれかにかさを持っていかれました。	
~てもらう	わたしは隣の人にうちのごみを捨ててもらいました。	감사
	わたしは重い荷物を松下さんに持っていってもらいました。	

말하는 사람의 기분을 생각하여 다음 중 알맞은 것을 고르세요.

❶ 山田「どうしたんですか。元気がありませんね。」
　田中「きのう、さいふを {a とられたんです　b とってもらったんです}。」

❷ ヤンさんは店長に仕事をたくさん {a 頼まれて　b 頼んでもらって}、忙しそうです。

❸ わたしはいつも自分でお弁当を作るのですが、きょうは忙しかったので、母に
　{a 作られました　b 作ってもらいました}。

❹ わたしは母にガールフレンドから来た手紙を {a 読まれた　b 読んでもらった}
　ようです。

❺ わたしたちの昼休みは1時間です。前は40分だったんですが、店長に頼んで長く
　{a されたんです　b してもらったんです}。

❻ ちょっとのことでけんかして、妻に {a 出ていかれて　b 出ていってもらって}
　しまいました。

❼ デパートでいいセーターを見つけたので、次の日に買いに行ったんですが、だれ
　かに {a 買われて　b 買ってもらって} もうありませんでした。

❽ きのう、夜中に友だちに電話で {a 起こされたので　b 起こしてもらったので}、
　けさはほんとうに眠いです。

❾ あれ、ここにあった大好きなまんががない。だれかに {a 捨てられたのかな
　b 捨ててもらったのかな}。

❿ テストの点数が悪かったのに、隣のリンさんに {a 見られて　b 見てもらって}
　はずかしかった。

point 4   사역 수동

사역 수동의 문장

自動車学校の先生はわたしに何回も練習させました。
→ わたしは自動車学校の先生 に 何回も **練習させられ**ました。

동사의 사역 수동형

동사의 종류	사역 수동형
동사1	行か~~ない~~＋される ➡ 行かされる 예외 (さ行 예 話す) ×話さされる 　　　　　　　　　　　○話させられる
동사2	い~~ない~~＋させられる ➡ いさせられる 食べ~~ない~~＋させられる ➡ 食べさせられる
동사3	する ➡ させられる 来る ➡ 来させられる

▶ 사역 수동형은 동사2와 같은 활용을 합니다.

예와 같이 사역 수동형을 만드세요.

사전형	사역 수동형	사전형	사역 수동형
買う	**買わされる**	急ぐ	
行く		着る	
出す		考える	
待つ		覚える	
飲む		心配する	
作る		来る	

point 5 　　　　　　　　　　　　　　사역 수동의 문장

사역 수동의 문장 (기쁘지 않은 감정을 나타냅니다.)

(1) 다른 사람의 명령이나 지시를 받아 하는 수 없이 ~한다는 의미

体育の先生はわたしたちを走らせました。

→ わたしたちは体育の先生 に 走らされました。

(2) 다른 사람의 행위로 인해 감정을 억제할 수 없다는 의미

娘はわたしを心配させました。

→ わたしは娘 に 心配させられ ました。

예와 같이 사역 수동의 문장을 만드세요.

> [예] 子どものとき、母はよくわたしにお皿を洗わせました。
> → 子どものとき、わたしはよく<u>母にお皿を洗わされました</u>。

❶ 父はわたしにアルバイトをやめさせました。
　→ わたしは_____。

❷ 母はわたしに重い荷物を運ばせました。
　→ わたしは_____。

❸ 母はわたしに母の忘れ物をとりに行かせました。
　→ わたしは_____。

❹ 課長はわたしに何度もレポートを直させました。
　→ わたしは_____。

❺ 妹はいつもわたしに食事代を払わせます。
　→ わたしはいつも_____。

❻ 子どものころ、兄はよくわたしを泣かせました。
　→ 子どものころ、わたしは_____。

❼ 木村さんはときどきわたしたちをびっくりさせますね。

→ わたしたちはときどき_____ね。

❽ 彼はわたしを1時間も待たせました。

→ わたしは_____。

다음 중 알맞은 말을 고르세요.

わたしは夏休みに運転免許を❶{ a とりました　b とられました　c とらされました }。前から運転免許を❷{ a とりたい　b とられたい　c とらせたい }と思っていたので、夏休みはちょうどいいチャンスでした。

運転の練習は学校の勉強より大変でした。上手にできないと、自動車学校の先生たちは「だめだめ」と言ってもう一度同じことを❸{ a やらせます　b やられます　c やらされます }。安全に運転できるようになるまで、わたしたちは何度も練習を❹{ a される　b させる　c させられる }のです。

特にわたしは下手だったので、何度も同じことを❺{ a 注意しました　b 注意されました　c 注意させました }。わたしは小学校から高校まで、❻{ a しかった　b しかられた　c しからされた }経験があまりなかったので、先生がとても怖かったです。

交通ルールのテストもありました。わたしたちはいろいろ細かい規則を❼{ a 覚えられます　b 覚えさせます　c 覚えさせられます }。わたしはなかなか覚えられなくて困りました。第1回目のテストでは❽{ a 失敗しました　b 失敗されました　c 失敗させられました }。第2回目で合格しました。

1か月間、わたしはとてもいい経験を❾{ a しました　b させました　c されました }。

19課

경어 敬語

Test 1 다음 중 알맞은 것을 고르세요.

① 先生、あしたは何時の飛行機に { a お乗りになりますか　b お乗りしますか }。
② 会長がご自宅にお電話を { a おかけになります　b おかけします }。
③ わたしがこの本を先生のお宅に { a お届けになります　b お届けします }。
④ わたしは先生のお荷物を { a お持ちになりました　b お持ちしました }。
⑤ 田中さんはどんな新聞を { a 読まれますか　b お読みしますか }。

Test 2 다음 중 적당한 것을 고르세요.

① 学生：先生はそのことについて何と { a おっしゃいましたか　b 申しましたか }。
② 社員：社長は朝、パンとコーヒーを { a 召し上がる　b いただく } そうです。
③ 先生：森さん、今度外国へ行くそうですね。どこへ行くんですか。
　　森：シンガポールに { a いらっしゃいます　b まいります }。
④ 留学生：先生、わたしがこの町を { a ご案内なさいます　b ご案内します }。
⑤ わたしはきのう、銀座でおじに { a お目にかかりました　b 会いました }。

point 1　　　　　　　　　　　　　　　　　　　　　존경

(1) 경의를 나타내기 위해 상대방이 하는 것을 높여서 말한다.

(2) 형태의 만드는 법

　　　お V ~~ます~~ になります　　　書き~~ます~~　➡　お書きになります

(3) 특별한 형태

	あの方が		あの方が
行きます	いらっしゃいます	言います	おっしゃいます
来ます	いらっしゃいます	見ます	ごらんになります
います	いらっしゃいます	寝ます	お休みになります
します	なさいます	知っています	ご存じです
食べます	召し上がります	Ｖています	Ｖていらっしゃいます
飲みます	召し上がります	Ｖてください	お V ~~ます~~ ください

▶1　いらっしゃ<u>い</u>ます ➡ いらっしゃる　　な<u>さい</u>ます ➡ なさる
　　おっしゃ<u>い</u>ます ➡ おっしゃる

▶2　「특별한 형태」가 있는 동사는 「お V になります」의 형태로 사용하지 않는다.

　　예　：見る　×お見になります ➡ ごらんになります
　　예외：飲む　○お飲みになります　　○召し上がります

(4) V(ら)れます

동사1	書か~~ない~~＋れる ➡ 書かれる
동사2	見~~ない~~＋られる ➡ 見られる
동사3	する ➡ される 来る ➡ 来られる

▶「おVになります」나 「특별한 형태의 존경」보다 존경의 정도가 낮다.

문제 1 ( ) 안의 동사를 존경의 「おVになります」 형태로 바꿔 _____위에 쓰세요.

> 예) 先生は黒板に「静かに」と<u>お書きになりました</u>。（書いた）

① スミス先生はいつも日本語で_____。（話す）
② ケリー会長はあしたアメリカへ_____。（帰る）
③ スリーエー社の社長は2時に_____。（着く）
④ 会長、このコンピューターを_____か。（使う）
⑤ 金先生はソウルで_____。（生まれた）

문제 2 ( ) 안의 동사를 존경의 특별한 형태로 바꿔 _____위에 쓰세요.

> 예) 秘書：社長、あしたは何時に会社に<u>いらっしゃいます</u>か。（来る）

① 社長はよくこの写真を_____。（見る）
② 今、社長は部屋に_____か。（いる）
③ あしたの東京都の会議には校長先生が_____。（行く）
④ 部長、きょうはお昼ご飯をどこで_____か。（食べる）
⑤ 教授がそのように_____。（言った）

문제 3 ( ) 안의 동사를 「れる・られる」 형태로 바꿔 _____위에 쓰세요.

> 예) 先輩、もうレポートは<u>書かれました</u>か。（書いた）

① 先輩、コーヒーを_____か。（飲む）
② 課長、これはけさの新聞です。_____か。（読む）
③ 社長は、毎日7時から_____そうです。（散歩する）
④ 課長、新しいコンピューターを_____んですか。（買う）
⑤ 先生はもう_____。（帰った）
⑥ 先生はあした何時に学校へ_____か。（来る）
⑦ あなたのお父さんはこの問題について何と_____か。（言った）

❽ 先輩、今度の大会に_____か。（出る）

❾ この映画、もう見に_____か。（行った）

❿ 店長、お疲れのようですね。少し_____ほうがいいですよ。
　　　　　　　　　　　　　　　　　　　　　（休んだ）

point 2　　　　　　　　　　　　　　　　　　　　　　　　　　겸양

(1) 경의를 표시할 사람에 대하여 나 혹은 내쪽의 사람이 하는 것을 낮춤으로서 상대방에 대한 경의를 나타냅니다.

(2) 만드는 법

お／ご＋V~~ます~~　します／いたします

持ちます　➡　お持ちします／お持ちいたします
案内(あんない)します　➡　ご案内します／ご案内いたします

① 경의를 표시할 상대방이 있는 행위에 사용한다.
　合格したことを先生に知らせました。
　➡ 合格したことを先生にお知らせしました。

② 경의를 표시할 사람이 없는 행위에는 사용하지 않도록 주의.
　よるはいつも本をお読みします。(자신 혼자서 읽음)
　➡ 夜はいつも本を読みます。

(3) 특별한 형태

	わたしが		わたしが
行きます	まいります	言います	申します
来ます	まいります	見ます	(先生の絵(え)を)拝見(はいけん)します
います	おります	聞きます	(先生に)うかがいます
します	いたします	訪問(ほうもん)します	(お宅(たく)に)うかがいます
食べます	いただきます	会います	お目にかかります
飲みます	いただきます	もらいます	いただきます

문제 4 （ ） 안의 동사를 겸양의 「お／ごVします」 형태로 바꿔 _____ 위에 쓰세요.

> 예 きのう、先生にこの本を<u>お送りしました</u>。（送った）

① そのことはわたしから田中先生に_____。（話す）
② あした、この本をスミス先生に_____。（返す）
③ わたしはここで社長を_____。（待つ）
④ きのう、この写真を先生にも_____。（見せた）
⑤ 先生、旅行のスケジュールは、後でわたしが_____。
　　　　　　　　　　　　　　　　　　　　　（知らせる）
⑥ わたしの結婚式に田中先生を_____。（招待する）

문제 5 （ ） 안의 동사를 겸양의 특별한 형태로 바꿔 _____위에 쓰세요.

> 예 わたしはあした10時に先生のお宅へ<u>まいります</u>。（行く）

① 先生がお作りになった料理を_____。（食べる）
② わたしは先生がお帰りになるまで、ずっとここに_____。
　　　　　　　　　　　　　　　　　　　　　　　　　（いる）
③ 社員：わかりました。その仕事はわたしが_____。（する）
④ 展覧会で先生がおとりになった写真を_____。（見た）
⑤ きのう、社長のお宅に_____。（訪問した）

point 3   듣는 사람에 대하여 정중한 기분을 나타내는 특별한 말

Nです。 ➡ Nでございます。　　Nがあります。 ➡ Nがございます。

가게, 역 등 손님을 상대로 하는 장소나 서비스 현장에서 흔히 사용한다.

〔店で〕パンの売り場はこちらでございます。

ワインはフランスのとイタリアのがございます。

point 4   사용법의 룰

경의를 표할 사람(윗사람)에게는 사용하지 않을 것.	
×상대방의 욕구를 듣다	×コーヒーが飲みたいですか。 ➡ コーヒーでもいかがですか。 ×何か召し上がりたいですか。 ➡ 何か召し上がりますか。
×상대방의 능력을 듣다	×運転できますか。 ➡ 運転なさいますか。 상대방인 윗사람에 대하여, 상대방이 할 수 없으면 부끄럽다고 생각하는 것에 대해서는 「できますか」라는 형태로는 묻지 않는 것이 좋다.
×고마움의 강요	×荷物を持ってあげます。 ➡ 荷物をお持ちしましょう。

다음 중 알맞은 것을 고르세요.

❶ 〔急に雨が降ってきたときに〕

このかさ、貸していただけませんか。あした {a 返してあげます　b お返しします}。

❷ 学生：先生、その本、重そうですね。わたしが {a 持ってあげます　b お持ちします}。

❸ 秘書：社長、新聞を {a お読みになりたいですか　b お読みになりますか}。

❹ 学生：先生、忙しそうですね。{a 手伝ってほしいですか　b お手伝いしましょうか}。

⑤〔社員が部長にお茶を持ってきて〕

　　社員：部長、{ a お茶でもいかがですか　b お茶が飲みたいですか }。

⑥ 学生：先生、{ a スキーができますか　b スキーをなさいますか }。

문제 7

①〜④의 경어를 보통형으로 바꿔 _____ 위에 쓰세요.

〔ホテルのフロントで〕

受付：いらっしゃいませ。

小林：部屋を予約しておいた小林ですが……。

受付：小林さまでいらっしゃいますか。❶ お待ちしておりました。

　　　こちらにお名前とご住所を ❷ お書きください。

小林：これでいいですか。

受付：はい、ありがとうございます。お部屋は ❸ 605でございます。

　　　こちらの者が ❹ ご案内いたします。

❶ _____　　❷ _____

❸ 605_____　　❹ _____

문제 8

( ) 의 말을 경어로 바꿔 _____ 위에 쓰세요.

1.〔事務所の受付〕

田中課長：すみません。だれかわたしのところに来ませんでしたか。

　　受付：はい、さきほど、山田さまという方が ❶_____。

　　　　　　　　　　　　　　　　　　　　　　　　（来ました）

　　　　　あちらの部屋で ❷_____。（待っています）

2.〔社長にインタビューをする〕

記者：では、社長よろしくお願いいたします。

　　　社長は子どものころはどちらに ❸_____か。（いました）

社長：九州の鹿児島で生まれて、鹿児島で育ちました。

記者：暖かいところですね。18歳の時に東京へ ❹_____。（来た）

　　　そうですが、東京ではお一人でしたか。

社長：いいえ。兄といっしょでした。

記者：そうですか。そのころは社長もご自分で料理を❺＿＿＿＿＿＿＿＿か。
　　　　　　　　　　　　　　　　　　　　　　　　　　（しました）

社長：ええ、しましたよ。

記者：では、社長のご趣味について❻＿＿＿＿＿＿＿(聞いても)よろしいでしょうか。

Column...

1.「まいります」「おります」

■ 듣는 사람에 대하여 공손한 기분을 나타내기 위해서 (자기자신 이외의 것에도) 「まいります」나「おります」를 사용하는 경우가 있습니다.

〔駅のアナウンス〕 ４番線にまもなく電車がまいります。
〔手紙〕 暑くなってまいりましたね。
　　　　 毎日暑い日が続いておりますが、お元気でしょうか。

2. 중요한 부사 ❷ 다음 부사는 사용할 수 있는 문장에 제한이 있습니다.

(1) 확신・추측을 나타내는 문장과 함께 사용되는 것

　たしか　　　たろう君はたしか今年二十歳です。
　きっと　　　彼女はきっと来ると思います。
　たぶん　　　あしたはたぶん雨でしょう。
　もしかしたら　もしかしたらいい知らせがあるかもしれません。
　(もしかすると)

(2) 가정을 나타내는 문장과 함께 사용되는 것

　もし　　　もし100万円あったら、どうしますか。
　どんなに　どんなに安くても、要らないものは買いません。

(3) 계속을 나타내는 문장과 함께 사용되는 것

　しばらく　ここでしばらく待っています。
　ずっと　　夕方までずっとサッカーの練習を続けます。

(4) 희망・의지를 나타내는 문장과 함께 사용되는 것

　ぜひ　　来年はぜひ富士山に登ってみたいです。

문장의 스타일 文のスタイル

Test 다음 중 알맞은 것을 고르세요.

❶〔会社に電話をして〕

会社員：部長、妻がけさ{a 入院しましたので　b 入院しちゃったんで}、午前中休ませていただけませんか。

❷〔スピーチで〕

わたしは去年、3月末に日本に{a 来たんだけど　b 来ましたが}、ちょうどそのころは桜が咲いていました。

❸〔教授に〕

大学院生：論文は5日までに{a 出さなければいけないでしょうか。b 出さなきゃいけない？}

❹ 部長：田中さん、あした、この資料の計算、手伝ってください。

田中：{a はい　b うん}、お手伝いします。

❺ 弟：兄ちゃん、{a こちら　b こっち}におもしろい動物がいるよ。

兄：ほんと！今、行くよ。

❻〔事務所で〕

事務員：先生、きょうは{a どちら　b どっち}で講演なさいますか。

❼〔会社で電話を受けて〕

はい、{a お待たせしました　b お待たせしちゃいました}。小林です。

❽〔学校で、友だちに〕

ごめん、千円貸して。さいふ{a 忘れちゃったんだ　b 忘れてしまったのです}。

⑨〔学校で、先生に〕
　すみません。この辞書、貸してください。あした{a お返しします　b 返すよ}。

⑩〔先生に〕
　学生：作文を直してくださって、ありがとうございました。おかげさまで、いい作文に{a なったわ　b なりました}。

point 1　　　　　　　　　　　　　　　　　일본어의 2가지 스타일

(1) 정중체

① a. 직장 등에서 윗사람에게 이야기할 때

田中：課長、あしたの会議は２時からですか。
課長：ああ、そうですね。

b. 처음에 만난 사람이나 잘 모르는 사람에게 이야기할 때

〔受付の人に〕
学生：申込書の書き方はこれでいいでしょうか。

② 격식을 갖춘 장면에서 이야기할 때, 방송 등

〔テレビ〕　アナウンサー：大阪のあしたの天気は晴れでしょう。

③ 편지에서는 정중체가 많이 사용됩니다.

〔手紙〕　暖かくなりました。その後、お元気ですか。

▶ 예외 : 친한 사람에게 쓰는 편지는 보통체로 쓰일 때도 있습니다.

(2) 보통체

① 친구, 가족과 이야기할 때

きょう駅でカンさんに会ったよ。

② 일기, 메모 등

３月20日（日曜日）くもり　田中さんと横浜へ行った。

③ 신문

１日９時ごろ、山手線の原宿駅で事故があり、電車が10分遅れた。

④ 리포트, 논설문 등

多くの親は、子どもに考えることより覚えることをすすめる。

▶ 윗사람과 아랫사람이 이야기할 경우, 윗사람과 아랫사람의 말투가 다를 때가 있습니다.

先生：あした何時ごろ来る？(보통체)
学生：あしたは９時に来ます。(정중체)

문제 1

다음 중 알맞은 것에 ○를 치세요.

❶ 〔テレビのニュース〕

( ) a きょう、広島で五つ子が生まれました。

( ) b きょう、広島で五つ子が生まれた。

❷ 〔新聞記事〕

( ) a 大学入試センター試験が17日午前、全国の712試験会場で始まりました。

( ) b 大学入試センター試験が17日午前、全国の712試験会場で始まった。

❸ 〔学校の食堂で友だちと〕

( ) a A：何を召し上がりますか。

　　　B：わたし、ラーメンをいただきます。

( ) b A：何、食べようか。

　　　B：わたし、ラーメン。

❹ 〔会社の食堂で〕

( ) a 社員：何になさいますか。

　　　部長：ぼくはラーメンがいいな。

( ) b 社員：何にする？

　　　部長：ぼくはラーメンがいいな。

❺ 〔料理の作り方をテレビを見ながらメモする〕

( ) a

・牛肉とタマネギをいためます。

・いためたら、スープで10分ぐらい煮ます。
　　　　　　　　︙

( ) b

・牛肉とタマネギをいためる。

・いためたら、スープで煮る。10分ぐらい。
　　　　　　　　︙

point 2　　　친한 사람과 이야기할 때 편한 말투의 특징

(1) 축약형 – 친한 사람과 이야기할 때 축약형이라는 짧은 형태를 자주 사용합니다.

	축약형		축약형
食べてしまう	食べちゃう	本ではない	本じゃない
飲んでしまう	飲んじゃう	食べたのだ	食べたんだ
食べている	食べてる	食べなければ	食べなきゃ
食べていた	食べてた	食べたと言った	食べたって言った
書いておく	書いとく	食べてはだめ	食べちゃだめ

(2) 단어 – 단어 역시 문장 스타일에 맞춰서 알맞은 것을 사용합니다.

격식을 갖춘 단어	편하게 쓰는 단어
しかし　だが	だけど　けど
(行った)が／けれども	(行った)けど
けれども	でも
たいへん　非常(ひじょう)に	すごく　とっても
あまり	あんまり
こちら　そちら　あちら　どちら	こっち　そっち　あっち　どっち
それは～からです	だって～もん

(3) 조사나 문장의 끝말을 생략

「は・が・を・か」등의 조사나 「～ください。～ですか。」등 문장의 끝말은 자주 생략됩니다.

このことばの意味を教えてください。　➡　このことばの意味、教えて。
あれは何ですか。　　　　　　　　　　➡　あれ、何？
どこへ行くのですか。　　　　　　　　➡　どこ、行くの？
車の運転ができますか。　　　　　　　➡　車の運転、できる？

문제 2 다음 밑줄 친 부분을 예와 같이 고쳐 쓰세요.

[예] 約束の時間に遅れちゃった。 ➡ 遅れてしまった。

❶ 買ったばかりのペンをなくしちゃった。
   ➡ なくし_____。

❷ この本は一日で全部読んじゃった。
   ➡ 読_____。

❸ 赤ちゃんはよく寝てるね。
   ➡ 寝_____。

❹ きょう、友子は赤いスカートをはいてる。
   ➡ はい_____。

❺ 日曜日は一日中テレビを見てた。
   ➡ 見_____。

❻ すぐ行くから、ちょっと待っててください。
   ➡ 待_____ください。

❼ そこにすわっちゃだめ。
   ➡ すわ_____だめ。

❽ 木村さんはきのう来たんだ。
   ➡ 来た_____。

❾ 日本語で「こんにちは」って言った。
   ➡ _____言った。

❿ ちゃんと食べなきゃだめよ。
   ➡ 食べ_____だめよ。

문제 3

다음 중 알맞은 것을 고르세요.

❶ 〔報告書〕

長生きする人が増えている。{a しかし　b だけど}、元気に年をとることは難しい。

❷ 〔大学のレポート〕

親といっしょに生活しているときはわからない {a が　b けど}、一人で生活してみるとわかることがある。

❸ 〔作文で〕

日本に来てから料理が {a すっごく　b とても} 上手になりました。

❹ 〔面接試験で〕

面接の先生：この大学を受けた理由は何ですか。

受験生：{a それは　b だって} この大学で先輩が勉強しているからです。

❺ 〔うちで〕

父：部屋をかたづけなさい。

子ども：わかってる。{a しかし　b でも}、今やりたくないよ。

문제 4

다음 _____ 부분을 예와 같이 보통체로 바꿔 _____ 위에 쓰세요.

4月は新しいスタートの 〔예〕 時です。

小学校から大学まで、学校では多くの新入生を ❶ 迎えます。

いちばんうれしいのは小学校の ❷ 新1年生でしょう。

国立大学は、2004年4月1日に新しく ❸ 生まれかわりました。

会社でも4月1日に新入社員を迎えて入社式が ❹ 行われました。

ある会社では、中国人の新入社員が「新入社員のことば」を ❺ 読みました。

会社が新しく生まれ変わったところも ❻ あります。

2つの大きい航空会社が1つになり、新しく ❼ スタートしました。

東京の地下鉄は新しい会社になり、会社の名前が ❽ 変わりました。

3月31日の夜、最後の電車が終わってから、4月1日の朝までに、駅にある会社の名前を全部とりかえたのだ ❾ そうです。

4月1日の朝、多くの新人たちの希望をのせて、新しい会社の電車が ❿ 出発しました。

| 예 | **時だ。** |

❶ _____。

❷ _____。

❸ _____。

❹ _____。

❺ _____。

❻ _____。

❼ _____。

❽ _____。

❾ _____。

❿ _____。

1課 조사

Test
①で ②を ③に ④と ⑤に/から
⑥に ⑦で ⑧に ⑨を ⑩で

문제1 ①に で で ②に で で ③に に で ④で に に

문제2 ①を を に で ②に を で ③に で を を
④に を で ⑤に で を

문제3 ①と/に に ②と ③に ④A:に B:に ⑤に
⑥に ⑦に ⑧から ⑨に ⑩から ⑪に

문제4 ①で ②で ③で ④で に ⑤に ⑥に
⑦で ⑧に ⑨に ⑩に ⑪で ⑫から

문제5 ①までに ②に ③× ④に ⑤×
⑥まで ⑦で ⑧から まで ⑨までに ⑩から

문제6 ①で ②と ③× ④に ⑤で ⑥で ⑦に ⑧を ⑨に
⑩で ⑪に ⑫で ⑬で ⑭に/までに ⑮を ⑯に

2課 「は」와「が」

Test
①は ②は ③が ④が は ⑤が ⑥は は
⑦は が ⑧が ⑨が

문제1 ①は は ②が は ③が が ④が は ⑤が が ⑥が が

문제2 ①が ②は は ③は ④A:が が B:は が は
⑤は は ⑥は

문제3 ①は が ②が ③が ④が ⑤は ⑥は が ⑦が

❽ A:は　が　B:が　は

문제 4　❶ は　が　❷ が　は　❸ A:が　は　B:は　❹ が　が
❺ が　は　❻ 川田:が　山中:は　は　❼ が　は
❽ が　は　❾ は　が　❿ が　が　⓫ が　は
⓬ A:は　B:は　⓭ A:が　が　B:は　⓮ は　は
⓯ が　は

문제 5　❶ が　❷ は　❸ は　❹ が　❺ が　❻ は　❼ は
❽ は　❾ が　❿ が　⓫ は　⓬ が　⓭ は　⓮ は

3課　활용1

Test 1　❶ 暑かったです　❷ 静かでは（じゃ）ありません
❸ 帰りました　❹ 休みでは（じゃ）ありません
❺ 食べませんでした

Test 2　❶ 父は60歳で、母は58歳です　❷ わたしの部屋はせまくて汚いです
❸ ヤンさんはハンサムで明るい人です　❹ あしたはいい天気で暖かいでしょう
❺ 10年前わたしは学生で、京都に住んでいました

문제 1　❶ 6日です
❷ 大川:忙しかったです　田中:忙しくなかったです／忙しくありませんでした
❸ A:天気でした　B:天気では（じゃ）ありませんでした
❹ 静かでした　静かでは（じゃ）ありません
❺ かわいいです　❻ A:行きます　B:行きません
❼ A:来ました　B:来ませんでした　❽ A:います　B:いません
❾ 起きました　起きません　起きます　❿ A:見ました　B:見ませんでした

문제 2　❶ 親切に　❷ おいしく　❸ おいしそうな　❹ 小さい
❺ 大きく　大きい　❻ 遅く　❼ きれいに　❽ 寒い
❾ 難しい　❿ ほしい

문제 3　❶ 元気で　❷ じょうぶで　❸ 松本では（じゃ）なくて
❹ 好きで　❺ 大きくて　❻ きれいで　よくて
❼ 短くて　❽ 複雑では（じゃ）なくて

문제 4
① 日で ② 忙しかったです ③ ひまでした ④ 行きました
⑤ 寒かったです ⑥ 読みました ⑦ 散歩しました ⑧ 好きで
⑨ 散歩します ⑩ 広くて ⑪ 静かな ⑫ しました
⑬ 汚かったです ⑭ ていねいに ⑮ きれいに ⑯ きれいな
⑰ 見ました ⑱ しました

4課 활용2 동사의 3가지 분류와「て형」·「た형」

Test 1 ① 始まって ② 会って ③ かぶって ④ 作って ⑤ ひいて

Test 2 ① 消して ② はいて ③ 生まれた ④ 読んで ⑤ つけた

문제 1

동사1	待つ 切る 作る 泳ぐ 会う 呼ぶ 話す 休む
동사2	借りる いる 降りる 開ける 閉める 覚える 考える 答える
동사3	来る そうじする

문제 2

사전형	て형	た형
行く	行って	行った
泣く	泣いて	泣いた
話す	話して	話した
待つ	待って	待った
遊ぶ	遊んで	遊んだ
読む	読んで	読んだ
いる	いて	いた
食べる	食べて	食べた
来る	来て	来た
する	して	した

문제 3
① 冷やして ② はって ③ 行った ④ 開けた
⑤ 食べて ⑥ 食べた ⑦ 育てて ⑧ 終わった
⑨ 歌った　おどった ⑩ 寝た ⑪ 吸って ⑫ 減って
⑬ 行った　来た ⑭ 落ちて ⑮ して ⑯ 休んだ
⑰ 行って ⑱ 置いて ⑲ 出かけた ⑳ ひいて

5課 동사의 활용과 문형

Test
① 食べ ② 食べ ③ 食べ ④ 食べる ⑤ 食べる
⑥ 食べる ⑦ 食べない ⑧ 食べない ⑨ 食べる ⑩ 食べる

문제 1

～ない	買わない	行かない	寝ない	いない	しない
～ます	買います	行きます	寝ます	います	します
사전형	買う	行く	寝る	いる	する

～ない	遊ばない	ない	入れない	着ない	来ない
～ます	遊びます	あります	入れます	着ます	来ます
사전형	遊ぶ	ある	入れる	着る	来る

문제 2
① 会い ② とれ ③ 出かける ④ 聞き ⑤ 始める
⑥ 終わる ⑦ 入る ⑧ 切る ⑨ 買い ⑩ 泳ぐ
⑪ 見える ⑫ 乗り ⑬ し ⑭ 捨てる ⑮ 買い
⑯ 歩き ⑰ 入り

문제 3
① 転ばない ② 出す ③ 聞こえる ④ 飲む ⑤ 吸わない
⑥ 引っ越す ⑦ 住む ⑧ 出さない ⑨ 買わない ⑩ しない

 **6과** 보통형

Test
① 行く ② 来ない ③ 約束した ④ いなかった ⑤ 難しい
⑥ よくない ⑦ 暑かった ⑧ 雨だ ⑨ 上手だった
⑩ A：買った　B：借りた

문제 1

정중형	보통형	정중형	보통형
見ます	見る	楽しいです	楽しい
しません	しない	おいしくなかったです	おいしくなかった
来ました	来た	きれいでした	きれいだった
いませんでした	いなかった	ひまじゃありませんでした	ひまじゃなかった
できました	できた	学生でした	学生だった

문제 2
① マリさんはやさしい人だ
② 先週引っ越しした
③ 敬語は簡単では（じゃ）ない
④ 入院しなくてもいい
⑤ けさ中央線で事故があった
⑥ 中田さんの弟さんは有名な歌手だった
⑦ わたしの母に会いたい
⑧ みんなの力で戦争をやめさせなければならない

문제 3
① 作った ② 洗う ③ 立っている ④ 住んでいる ⑤ 行った
⑥ ほしかった ⑦ 読む ⑧ できない ⑨ 言った ⑩ 来なかった

문제 4
① 乗るんです
② おもしろいんです
③ A：きらいなんです　B：食べたいんです
④ A：あるんです　B：忙しいんです
⑤ A：約束したんです　B：言ったんです

문제 5
1. ① 来る ② 来ない ③ ひいた ④ 寒かった
　 ⑤ していた ⑥ いる ⑦ 連絡する

2. ① お元気な　②いただいた　③ 多かった　④ あった
　　⑤ している　⑥ なかった　⑦ なる　⑧ 会える

7課 「こ・そ・あ」 자신과 상대방과의 관계

Test 1　① あの旗までもう少しですよ　② 疲れたからわたしはここで休みます
　　　　　③ このぼうしはだれのですか　④ それはわたしのです
　　　　　⑤ あそこまで走っていこう　⑥ え！あそこまで？

Test 2　① 妹：そこ　兄：ここ　② 父：この　娘：その
　　　　　③ B：あの　A：あんなに　④ A：この　B：これ
　　　　　⑤ その／この

문제 1　① A：この　B：ここ　② A：この　B：これ
　　　　　③ A：あそこ　B：あの　④ A：ここ　B：そこ
　　　　　⑤ A：この　B：それ　⑥ A：この　B：その
　　　　　⑦ あちら　あれ　⑧ A：こんな　B：そんな

문제 2　① A：あれ　B：あの　② A：その　B：その
　　　　　③ そこ　その　あれ

문제 3　1. ① ここ　② この　③ あの　④ ここ
　　　　　　　⑤ その　⑥ あの　⑦ ここ　⑧ この
　　　　　2. ① これ　② こんなに　③ この　④ その
　　　　　　　⑤ これ　⑥ こちら　⑦ あちら　⑧ その

8課 제안・권유 자신의 행위의 제안 혹은 상대방에 대한 동작의 권유

Test 1　① a　② b　③ b　④ a　⑤ b

Test 2　① 食べません　② 書き　③ 下がり　④ 使わないで　⑤ 着る

문제 1　① b　② a　③ b　④ a　⑤ b　⑥ a

문제 2　① c　② a　③ b　④ a　⑤ a　⑥ a　⑦ b　⑧ c

9課 자신 혹은 다른 사람

Test 1 ① b ② a ③ a ④ a ⑤ b

Test 2 ① a ② b ③ a ④ b ⑤ b

문제 1

飲む	飲もう	ちょっと休む	ちょっと休もう
泳ぐ	泳ごう	映画を見る	映画を見よう
歌う	歌おう	勉強する	勉強しよう
走る	走ろう	あしたも来る	あしたも来よう

문제 2 ① 出よう ② 行こう ③ 書こう ④ 登ろう ⑤ 飛ぼう

문제 3 ① b ② a ③ b ④ a ⑤ b ⑥ b ⑦ a ⑧ a

문제 4 ① a ② b ③ a ④ a ⑤ a ⑥ b ⑦ b ⑧ b ⑨ b ⑩ b

문제 5 ① b ② a ③ b ④ b ⑤ a

10課 계속성 또는 순간성

Test 1 ① a ② a ③ a ④ b ⑤ a

Test 2 ① b ② b ③ a ④ b ⑤ b

문제 1

① 계속 동사　聞く　使う　話す　待つ　走る
② 순간 동사　起きる　立つ　終わる　倒れる　死ぬ

문제 2 ① 1 ② 2 ③ 1 ④ 2 ⑤ 2 ⑥ 1 ⑦ 2 ⑧ 1

문제 3 ① b ② a ③ a ④ b ⑤ a ⑥ a ⑦ a ⑧ b ⑨ b ⑩ b

문제 4 ① 飛んでいます　② 止まっています　③ 並んでいます　④ 咲いています
　　　　　⑤ 遊んでいます　⑥ 弾いています　⑦ しています　⑧ 寝ています

문제 5　①使いおわった　②話しはじめました　③働きつづけ
　　　　④① 書きはじめました　② 書きおわりました
　　　　⑤食べはじめ

문제 6　①話しています　②開いています　③閉まります　④持っています
　　　　⑤降っています　⑥卒業します　⑦かかっています　⑧消えた
　　　　⑨つきます　⑩書いてあります

문제 7　1. ①住んでいます　②引っ越しする　③住む　④知っている
　　　　2. ①しています　②並べています／並べました　③飾ってあります
　　　　　④作っています　⑤冷やしてあります

11課　말하는 사람의 위치 ～ていく・～てくる

Test　①a　②a　③a　④b　⑤b　⑥a　⑦a　⑧a　⑨a　⑩b

문제 1　①a b　②a　③a　④a　⑤a　⑥b　⑦b　⑧a

문제 2　①b　②b　③b　④a　⑤b

12課　타동사와 자동사

Test 1

타동사	자동사
わたしは電気を（つけました）。	電気がつきました。
わたしはタクシーを（止めました）。	タクシーが止まりました。
わたしはドアを開けました。	ドアが（開きました）。
わたしは火を消しました。	火が（消えました）。
わたしは水道の水を出（しました）。	水道の水が出（ました）。

Test 2　①乗せ　乗り　②始まり　始める　③切れ　切ら
　　　　④開き　開ける　⑤出　出し

문제 1　①上がる　②切る　③入る　④消す

	⑤ 閉める	⑥ 落ちる	⑦ 倒す	⑧ 割る					

문제 2　①b　②b　③a　④a　⑤a　⑥a　⑦b　⑧a　⑨b　⑩a
　　　　⑪b　⑫b　⑬b　⑭a　⑮b

문제 3　①a　②a　③b　④a　⑤b　⑥a　⑦a　⑧b　⑨a　⑩b

문제 4　① 入ってい　② 開けてある　③ 落ちてい　④ 汚れてい
　　　　⑤ 壊れてい　⑥ 止めてあり　⑦ 出てい　⑧ 並んでい
　　　　⑨ 切ってある　⑩ 集まってい　⑪ 消してある　⑫ 開いてい
　　　　⑬ 始まってい　⑭ ついてい　⑮ 切ってあり

문제 5　①a　②b　③b　④a　⑤a　⑥a　⑦a　⑧b　⑨b　⑩a
　　　　⑪b　⑫a　⑬a　⑭a　⑮a

13課　가능 표현

Test 1　①a　②b　③b　④b　⑤a

Test 2　①b　②a　③a　④a　⑤b

문제 1　① することができます　② 借りることができます
　　　　③ 止めることができます　④ することができませんでした
　　　　⑤ 歩くことができません／ませんでした

문제 2

書く	書ける	走る	走れる
帰る	帰れる	飲む	飲める
置く	置ける	持つ	持てる
話す	話せる	起きる	起きられる
遊ぶ	遊べる	食べる	食べられる
読む	読める	する	できる
泳ぐ	泳げる	来る	来られる

문제 3 ① 覚えられます ② 運べません ③ 入れません ④ 食べられません
　　　　⑤ 話せます　　　⑥ 飲めません　⑦ 注文できません　⑧ 送れる
　　　　⑨ 歩ける　　　　⑩ 行けません

문제 4 ① 出られません　② 入れません　③ わかりません／ませんでした
　　　　④ 歩けません　　⑤ 見えます　　⑥ 聞こえます
　　　　⑦ 着く　　　　　⑧ 動かなく

14課 사실 또는 기분이 담겨 있는가

Test 1 ① b ② a ③ a ④ a ⑤ a

Test 2 ① a ② a ③ b ④ a ⑤ a

문제 1 ○… 2, 4, 9, 10

문제 2 ○… 1, 5, 6, 8, 10

문제 3 ① a ② a ③ a ④ b ⑤ a ⑥ a ⑦ a ⑧ a

15課 조건 등

Test 1 ① b ② a ③ b ④ a ⑤ a

Test 2 ① a ② a ③ a ④ b ⑤ a

문제 1

行く	行ったら	行かなかったら	大きい	大きかったら	大きくなかったら
ある	あったら	なかったら	いい	よかったら	よくなかったら
食べる	食べたら	食べなかったら	静か	静かだったら	静かで（じゃ）なかったら
来る	来たら	来なかったら	親切	親切だったら	親切で（じゃ）なかったら
する	したら	しなかったら	子ども	子どもだったら	子どもで（じゃ）なかったら

문제 2　① あったら　② 悪かったら　③ きらいだったら　④ 女の子だったら
　　　　⑤ 帰ったら　⑥ なったら　⑦ 着なかったら　⑧ 先生だったら
　　　　⑨ 強くなかったら　⑩ 雨じゃなかったら

문제 3

書く	書けば	書かなければ
飲む	飲めば	飲まなければ
旅行する	旅行すれば	旅行しなければ
安い	安ければ	安くなければ
広い	広ければ	広くなければ
きれい	きれいなら	きれいで（じゃ）なければ
病気	病気なら	病気で（じゃ）なければ

문제 4　① 読めば　② かけなければ　③ 安ければ　④ 高くなければ
　　　　⑤ ひまなら　⑥ シャツなら　⑦ 女の子でなければ　⑧ できれば
　　　　⑨ 治らなければ　⑩ 簡単なら

문제 5　① 飲むと　② 重いと　③ 押さないと　④ 船だと
　　　　⑤ 静かだと　⑥ 一人だと　⑦ 休まないと　⑧ 渡ると
　　　　⑨ きれいだと　⑩ おいしいと

문제 6　① a　② a　③ a　④ b　⑤ a　⑥ a　⑦ b　⑧ b

문제 7　① 熱があるなら　② スーパーに行くなら　③ 2,000円なら
　　　　④ 電話なら　⑤ ラーメンなら

문제 8　① b　② a　③ a　④ b　⑤ a　⑥ a　⑦ a

16課 주고 받음 누가 누구에게?

Test 1　① a　② b　③ c　④ c　⑤ c

Test 2　① a　② c　③ b　④ c　⑤ b

문제 1　① ノートをもらいました　② ケーキをあげました　③ チョコレートをあげました
　　　　④ 本をくださいました　⑤ 花をさしあげました　⑥ ネックレスをくれました

⑦ ぼうしをもらいました

문제 2
① わたしのために薬を買いに行ってくれました
② わたしの作文を直してくださいました
③ わたしをパーティーに招待してくれました
④ タンさんに宿題を手伝ってもらいました
⑤ ミラーさんにいい本を紹介してあげました
⑥ 友だちにお金を貸してもらいました
⑦ わたしにゆびわを買ってくれました
⑧ マナさんの部屋をそうじしてあげました
⑨ 山中先生に日本語を教えていただきました
⑩ 子どもたちに本を読んであげました

문제 3
① b ② a ③ a ④ b ⑤ b ⑥ a ⑦ b

문제 4
① A：もらった　B：くれた　② もらいました
③ あげました　④ くれました　⑤ くれました
⑥ もらう　あげる　⑦ くれた　もらおう／もらいたい
⑧ くださった　⑨ もらう　⑩ あげる
⑪ あげ　⑫ もらい

17課 사역

Test 1　① 書かせ　② 洗わせ　③ 泳がせ　④ 喜ばせ　⑤ 待たせ

Test 2　① a　② b　③ a　④ a　⑤ b

문제 1

사전형	사역형	사전형	사역형
待つ	待たせる	読む	読ませる
笑う	笑わせる	走る	走らせる
書く	書かせる	調べる	調べさせる
出す	出させる	いる	いさせる
立つ	立たせる	持ってくる	持ってこさせる
遊ぶ	遊ばせる	散歩する	散歩させる

문제 2　❶を　❷を　❸に　❹に　❺に　❻に　❼を　❽に

문제 3　❶子どもたちをいすにすわらせました
　　　　❷店員を8時前に店へ来させます
　　　　❸子どもに右側を歩かせます
　　　　❹社員にインターネットで調べさせました
　　　　❺ワットさんに何回も練習をさせます
　　　　❻子どもに好きな本を選ばせました
　　　　❼きょうわたしを3時に帰らせてくれました
　　　　❽犬をおもちゃで遊ばせました
　　　　❾みんなをおどろかせました
　　　　❿たろうを泣かせました

문제 4　❶b　❷a　❸a　❹a　❺b　❻a　❼b　❽a　❾a　❿b
　　　　⓫b　⓬a　⓭a

18課　수동 및 사역수동

Test 1　❶呼ばれ　❷聞かれ　❸押され　❹降られ　❺開かれ

Test 2　❶待たされ　❷持たされ　❸させられ　❹来させられ　❺食べさせられ

문제 1

사전형	사역형	사전형	사역형
言う	言われる	踏む	踏まれる
行く	行かれる	切る	切られる
起こす	起こされる	考える	考えられる
立つ	立たれる	見る	見られる
死ぬ	死なれる	持っていく	持っていかれる
呼ぶ	呼ばれる	相談する	相談される

문제 2　❶祖母に育てられました
　　　　❷山中さんにパーティに誘われました
　　　　❸知らない人に声をかけられました

④ 犬にくつを持っていかれました
⑤ 隣の人に足を踏まれました
⑥ 先生に作文をほめられました
⑦ (だれかに) 大きいバイクを止められ
⑧ みんなにさわがれ
⑨ どこで開かれますか
⑩ ぶどうから作られます

문제 3   ① a   ② a   ③ b   ④ a   ⑤ b   ⑥ a   ⑦ a   ⑧ a   ⑨ a   ⑩ a

문제 4

사전형	사역형	사전형	사역형
買う	買わされる	急ぐ	急がされる
行く	行かされる	着る	着させられる
出す	出させられる	考える	考えさせられる
待つ	待たされる	覚える	覚えさせられる
飲む	飲まされる	心配する	心配させられる
作る	作らされる	来る	来させられる

문제 5
① 父にアルバイトをやめさせられました
② 母に重い荷物を運ばされました
③ 母に母の忘れ物をとりに行かされました
④ 課長に何度もレポートを直させられました
⑤ 妹に食事代を払わされます
⑥ よく、兄に泣かされました
⑦ 木村さんにびっくりさせられます
⑧ 彼に1時間も待たされました

문제 6   ① a   ② a   ③ a   ④ c   ⑤ b   ⑥ b   ⑦ c   ⑧ a   ⑨ a

19課 경어

Test 1 ① a ② a ③ b ④ b ⑤ a

Test 2 ① a ② a ③ b ④ b ⑤ b

문제 1 ① お話しになります ② お帰りになります ③ お着きになります
　　　　　④ お使いになります ⑤ お生まれになりました

문제 2 ① ごらんになります ② いらっしゃいます ③ いらっしゃいます
　　　　　④ 召し上がります ⑤ おっしゃいました

문제 3 ① 飲まれます ② 読まれます ③ 散歩される
　　　　　④ 買われる ⑤ 帰られました ⑥ 来られます
　　　　　⑦ 言われました ⑧ 出られます ⑨ 行かれました
　　　　　⑩ 休まれた

문제 4 ① お話しします ② お返しします ③ お待ちします
　　　　　④ お見せしました ⑤ お知らせします ⑥ ご招待します

문제 5 ① いただきます ② おります ③ いたします
　　　　　④ 拝見しました ⑤ うかがいました

문제 6 ① b ② b ③ b ④ b ⑤ a ⑥ b

문제 7 ① 待っていました ② 書いてください ③ です ④ 案内します

문제 8 1. ① いらっしゃいました ② 待っていらっしゃいます
　　　　　2. ③ いらっしゃいました ④ いらっしゃった ⑤ なさいました
　　　　　　 ⑥ うかがっても

20課 문장의 스타일

Test ①a ②b ③a ④a ⑤b ⑥a ⑦a ⑧a ⑨a ⑩b

문제 1 ①a ②b ③b ④a ⑤b

문제 2
① なくしてしまった ② 読んでしまった ③ 寝ているね
④ はいている ⑤ 見ていた ⑥ 待っていて
⑦ すわっては ⑧ 来たのだ ⑨ と
⑩ 食べなければ

문제 3 ①a ②a ③b ④a ⑤b

문제 4
① 迎える ② 新1年生だろう ③ 生まれかわった
④ 行われた ⑤ 読んだ ⑥ ある
⑦ スタートした ⑧ 変わった ⑨ そうだ
⑩ 出発した

著者

友松悦子（ともまつ　えつこ）　　拓殖大学留学生別科非常勤講師
　　　　　　　　　　　　　　　『日本語テスト問題集 ― 問題集』（凡人社　共著）
　　　　　　　　　　　　　　　『どんな時どう使う日本語表現文型500』（アルク　共著）
　　　　　　　　　　　　　　　『どんな時どう使う日本語表現文型500 短文完成練習帳』（アルク　共著）
　　　　　　　　　　　　　　　『どんな時どう使う日本語表現文型200』（アルク　共著）
　　　　　　　　　　　　　　　『チャレンジ日本語＜読解＞』（国書刊行会　共著）
　　　　　　　　　　　　　　　『ひらけ日本語　使用の手引き』（凡人社　責任執筆）

和栗雅子（わくり　まさこ）　　元東京外国語大学留学生日本語教育センター非常勤講師
　　　　　　　　　　　　　　　『日本語テスト問題集 ― 問題集』（凡人社　共著）
　　　　　　　　　　　　　　　『どんな時どう使う日本語表現文型500』（アルク　共著）
　　　　　　　　　　　　　　　『どんな時どう使う日本語表現文型200』（アルク　共著）
　　　　　　　　　　　　　　　『チャレンジ日本語＜読解＞』（国書刊行会　共著）
　　　　　　　　　　　　　　　『日本語の教え方ＡＢＣ』（アルク　共著）
　　　　　　　　　　　　　　　『実力日本語・練習帳上・下』（東京外国語大学留学生センター編著　共著）

초급 일본어 문법 요점 정리 POINT 20

초판발행	2005년 10월 5일
1판 16쇄	2025년 1월 10일
저자	友松悦子・和栗雅子
책임 편집	조은형, 김성은, 오은정, 무라야마 토시오
펴낸이	엄태상
마케팅	이승욱, 왕성석, 노원준, 조성민, 이선민
경영기획	조성근, 최성훈, 김다미, 최수진, 오희연
물류	정종진, 윤덕현, 신승진, 구윤주
펴낸곳	시사일본어사(시사북스)
주소	서울시 종로구 자하문로 300 시사빌딩
주문 및 교재 문의	1588-1582
팩스	0502-989-9592
홈페이지	www.sisabooks.com
이메일	book_japanese@sisadream.com
등록일자	1977년 12월 24일
등록번호	제 300-2014-92호

ISBN 978-89-402-9048-4 13730

© 2004 by TOMOMATSU Etsuko and WAKURI Masako

* 이 책의 내용을 사전 허가 없이 전재하거나 복제할 경우 법적인 제재를 받게 됨을 알려 드립니다.
* 잘못된 책은 구입하신 서점에서 교환해 드립니다.
* 정가는 표지에 표시되어 있습니다.

▶ 本書籍の大韓民国国外での使用及び販売を禁止します。
▶ 본 서적은 대한민국 국외에서의 사용 및 판매를 금지합니다.

일본어 초보를 위한 확실한 듣기 대책

新일본어 듣기첫걸음 上 下

일본어 초보를 위한 확실한 듣기대책!!

수업을 통해서 개발된 다양한 '듣기 훈련-일본어 처음 시작하시는 분,
중급 이상인 분도 지금부터 하루 한 과씩 시작해보십시오.
획기적인 일본어 실력향상을 거두실 수 있습니다.

● 기본연습-문형 문법을 귀로 확인
초급과정의 핵심문형이나 문법사항이 그대로 녹아 있는
생활문을 듣는 연습으로 그 쓰임을 쉽게 이해할 수 있습니다.

● 대화듣기-장문 청취능력 기르기
중요 표현이 녹아 있는 회화를 듣고 답하기, 음성으로 들은 내용에 대한
기억력과 상황파악, 요점파악 능력을 키워줍니다.

● 받아쓰기-중요문장 확실한 암기
그 과의 핵심문장을 귀로 듣고 쓰는 훈련, 듣고 받아쓰는 과정에서
음운체계가 잡히고 빠른 문어체 문장듣기도 단련됩니다.

미야기 사치에 外 공저
1권, 2권 | 4×6 | 듣기CD 3장씩 포함
각 12,000원

중고급 학습자를 위한 필수 독해서

일본어 中級점프
Reading

실력이 중급으로 껑충뛰는 Theme Study!

- 3개월 정도 기초를 마친 중급자를 대상으로 하는 독해 위주의 종합실력 키우기 교재입니다.

- 텍스트북과 워크북의 기능을 동시에 담고 있어서 독해력, 청취력, 표현력을 착실하게 쌓아갈 수 있습니다.

- 한자, 단어 및 속독 능력이 향상되고 대화나 받아쓰기가 가능해지며, 패턴식 작문 등 표현력도 놀라울 정도로 발전합니다.

- 개정판에서는 단어를 300개 정도 추가하고 시대에 맞지 않는 내용은 최신 정보로 모두 수정했습니다.

마츠다 히로시 外 공저
전1권(25과)/4×6배/값 11,000원
교재+CD 2장 포함/값 15,000원

研究社와 독점라이센스

개정신판
- 첨단의료, 환경문제 등 최신 테마
- 어휘수 300여개 추가
- 본문교체 3과, 대폭수정 3과
- 산뜻한 2도 인쇄